Texte
Walter Terry:
Der Tänzer
Richard Cragun
Fritz Höver:
Biographische
Notizen

Fotografiert von
Leslie E. Spatt
Hannes Kilian
und anderen

Verlegt bei
Günther Neske
Pfullingen

RICHARD CRAGUN

Es fotografierten außerdem

Mira Armstrong, Richard Avedon,
Richard Braaten, Zoë Dominic,
Dünhöft, Denn Duncan,
Veronica Falcão, Sabine Feil,
Ira K. Finley, Beverly Gallegos,
(The Daily Mail), Alexander Gordon,
Henry Grossman, Jörg Hintze,
Burghard Hüdig, (Hurok Concerts),
Ulrich Keich, Helga Krause, Keith Money,
Louis Peres, Leslie Petzold,
Louis C. Ramsey, W. T. Reilly,
Alo Störz, Martha Swope, C. Tandy,
Max Waldman, Reg. Wilson,
Rosemary Winckley, Madaline Winkler-Betzendahl, Dieter Zimmermann

Die Übersetzungen besorgten
Fritz Höver und Richard Gilmore

Inhalt

Walter Terry
Der Tänzer Richard Cragun   Seite 7
The Dancers Richard Cragun   Seite 58

Fritz Höver
Biographische Notizen   Seite 116
Biographical Notes   Seite 122

Werkverzeichnis   Seite 129
Repertoire   Seite 129

Dieses Buch ist gewidmet
John Cranko's Familie,
dem Stuttgarter Ballett.
　　　　　　　　Walter Terry

This Book is Dedicated to
John Cranko's family,
the Stuttgart Ballet itself.
　　　　　　　　Walter Terry

In Memoriam Walter Terry,
ein treuer Freund des Tänzers.
　　　　　　　　Richard Cragun

In memory Walter Terry,
a true friend of the dance.
　　　　　　　　Richard Cragun

Richard Cragun 1982

»Der tanzende Junge«

»Ganz am Anfang wollte ich eigentlich nur gefallen«, sagt Richard Cragun. »Ich empfand eine gewisse Befriedigung und Selbstachtung, wenn ich zu tanzen begann und auf die Reaktion der anderen wartete. Um es anders zu sagen: Ich wollte mich zur Schau stellen. Und ich tat es.«
Der Drang, sich zu bewegen, ging jedoch bei diesem vier- oder fünfjährigen Jungen viel tiefer. Wenn er für sich alleine Musik hörte, konnte er sich stundenlang, ohne aufzuhören, nach ihren Rhythmen und Lockungen bewegen, in sich versunken und glücklich, hingerissen, obgleich er alleine war. »Musik muß für mich das wichtigste gewesen sein«, erinnert er sich, »weil die Musik es war, die mich zum Tanzen zwang, nicht gerade jede Musik, sondern vor allem solche, die in gleichem Maße höchst rhythmisch und dramatisch war. Wenn ich nach ihr tanzte, geriet ich in Feuer und Aufregung. Auch wenn ich allein war, war ich glücklich mit meinem Tanz, wenn aber Mom und Dad (meine Eltern) abends Freunde zu Gast hatten und ich ermuntert wurde, einen »turn« zu drehen, so war ich augenblicklich gefangen von der Reaktion, die mein »turn« bei diesen Leuten hervorrief.«
Das ist Richard Cragun, der 37jährige erste Tänzer des Stuttgarter Balletts und internationale Star in der Welt des Tanzes, der auf seine Kindheit in Sacramento in Kalifor-

Prinz, Cinderella

nien zurückblickt und seinem unstillbaren Trieb, zu tanzen und seinem Wunsch, durch rhythmische, dramatische Bewegung zu gefallen, auf die Spur zu kommen versucht.
Von den musikalischen Anregungen, die ihm in seiner Umgebung zugänglich waren, reizte ihn am meisten die Musik von George Gershwin. »Sie ist fast schizophren«, sagt er heute, »schizophren in dem Sinne, daß sie plötzlich, doch mühelos wechselt vom einfach nur rhythmischen zum sinnlichen Ausdruck. Ich glaube, daß ich sie darum liebe. Sinnlichkeit, oder eine Reaktion auf sie, gab es in meinem Leben sehr früh. Zurückblickend kann ich mich erinnern, daß ich sexuell sehr aufgeweckt war; zwar wußte ich nichts Konkretes, spürte aber eine Dualität in mir, die hervorgerufen wurde durch die Verbindung dieser beiden Elemente der Musik: Rhythmus und Sinnlichkeit.«
Die Reaktion des Kindes auf Musik war verknüpft mit einer natürlichen Vorliebe für Inszenierungen und Verkleidungen. »Ich war von jeder Art von Material fasziniert«, erinnert er sich, »ob es nun eine Wolldecke war oder ein seidener Schal. Wenn meine Mutter zu den ›Squaredances‹ ging, die in jenen Tagen in Kalifornien häufig veranstaltet wurden, trug sie riesige, kreisrund geschnittene Röcke. Es war nicht schwer, diese in eine Art Scheich-von-Arabien-Look zu verwandeln. So hatte auch ich mein Kostüm. Der Klang der Musik, der Rhythmus, das Gewand, die Sinnlichkeit, all das war Teil meines tanzenden Körpers. Heute weiß ich natürlich, daß in erster Linie der Körper das Instrument des Tänzers ist. Früher allerdings war ich mir vor allem der Erotik bewußt – möglicherweise bin ich mit einem Feigenblatt in der Hand geboren! Wie dem auch sei: In sehr jungen Jahren wußte ich Bewegungen auf eine sinnliche Weise zu nutzen, nicht um irgendeiner Selbstbefriedigung willen, sondern indem ich unbewußt durch sie meinem Bedürfnis zu gefallen entsprach.

In den vierziger Jahren gab es, abgesehen vom Radio, in den kleinen Städten der Vereinigten Staaten als einzige Form der Massenunterhaltung nur das Kino. Das Fernsehen war gerade erst im Kommen – nicht jede Familie hatten einen Fernsehapparat; und obgleich das Radio Opern, Konzerte, Theaterstücke und Varieté-Vorstellungen für ein großes Publikum ausstrahlen konnte, so gab es doch keine Möglichkeit, dieses Publikum mit dem Tanz bekannt zu machen. Das Kino jedoch besorgte dies. Der kleine Ricky wurde vom Vater, einem glühenden Fred-Astaire-Verehrer mit ins Kino genommen. Mit sechs Jahren fand er Gefallen an Astaires Tanz, aber nicht gebührend genug. Unbändige Begeisterung jedoch für Tanz im Kino brach aus, als Mr. Cragun seinen Sohn in einen Gene-Kelly-Film mitnahm. Es war »Ein Amerikaner in Paris«, und die Musik war von – George Gershwin! »Ich weiß heute, warum ich so gepackt wurde von diesem Film. Schon zu Hause war ich fast abhängig von dieser Musik, es war nur natürlich, daß ich sie auch im Kino akzeptierte. Während ich den Film sah, sagte ich mir nicht etwa ›Das ist es, was ich werden will‹, sondern vielmehr: ›Das ist es, warum ich da bin!‹ Auf dieser Leinwand sah ich den Bereich, der meine Welt werden sollte.«
Ich ging nach Hause und anstatt barfuß zu tanzen, wie ich es bisher immer getan hatte, zog ich meine Sandalen an und begann, den Gang entlang zu schlendern. Als ich dann im Film noch Donald O'Connor gesehen hatte, erweiterte ich meine Trickkiste damit, senkrecht an den Mauern hinauf zu rennen. Meine Übungen dazu machte ich zuhause und zerbrach natürlich alles, was in meiner Nähe stand. Meine Familie trieb ich damit fast zum Wahnsinn.
Für die Schüler der Grundschule gab es nach dem Schulunterricht die Möglichkeit, im Rahmen eines Erholungs-Programms Stepptanzunterricht zu nehmen, und ich ergriff diese Gelegenheit sofort. Dabei wäre es fast zu einer Tragödie gekommen, denn meine Eltern weigerten sich, mir dafür die gleichen Lederschuhe zu kaufen, wie sie die anderen Jungen hatten. Es war für mich sehr demütigend, in meinen Sandalen in diese Stepptanzklasse zu gehen, doch obwohl es sich meine Eltern hätten leisten können, waren sie nicht bereit, Geld für teure Schuhe auszugeben, bevor es

nicht sicher wäre, daß mein Interesse für das Tanzen nicht nur für kurze Zeit sei. Also mußte ich ihnen beweisen, wie ernst es mir damit war. Sechs Monate lang trug ich im Unterricht diese unangenehmen Sandalen, dann erst sagte meine Mutter zu mir: ›Dir scheint diese Sache wirklich wichtig zu sein. Ist es das, was du gerne tun möchtest?‹ Ich erwiderte entschieden: ›Mehr als alles andere!‹ Darauf sie: ›Dann müssen wir etwas unternehmen‹, und sie meldete mich in einer professionellen Tanzschule an.«

In jener Zeit hatten amerikanische Jungen, die tanzen lernen wollten, selten die Ballettstars vor 1960 als Vorbilder. Das große Idol war Fred Astaire, ebenso Gene Kelly, und auch für die Jungen, die später beim Ballett tanzten, waren die Filme mit diesen beiden Tanzstars das auslösende Moment. Die meisten Väter hatten es überhaupt nicht gern, wenn ihre Söhne zum Ballett wollten, denn Revue- und Stepptänzer waren weit höher angesehen. Aus diesem Grund gab es auch für den Jungen aus Sacramento nur einen Weg: »In diesen vierziger Jahren«, erzählt Richard Cragun, »war ich von Gene Kelly viel mehr beeinflußt als von Fred Astaire. Ich vermute, daß mir Astaire mit meinen zehn Jahren einfach zu elegant und artistisch war – ein Tanzstil, der mir erst mit zunehmendem Alter zusagte. Gene Kelly dagegen war viel athletischer, er ging viel direkter auf das Publikum zu. Damit entsprach er mehr meinem eigenen offensiven Charakter, meiner Vorstellung von kraftsprühendem Tanz. Heute weiß ich natürlich die Nuanciertheit und die Sensibilität in Astaires Tanz zu schätzen und bewundere seine artistischen Glanzleistungen. Doch damals war ich zunächst einmal begeistert von den Filmen, den Musicals und den riesigen Plakaten. Dies alles signalisierte mir: ›Verkauf deine Nummer!‹, und genau das versuchte ich dann auch.«

Geri Kolb, Richard Cragun

Wie alle Jungen, die Tanz studieren wollten, machte sich auch Ricky damit zum Außenseiter und wurde von seinen gleichaltrigen Freunden gefoppt und gehänselt. Nur allein der Umstand, daß er Stepptanz lernte und nicht Ballett, verhalf ihm dazu, sein Ansehen halbwegs aufrecht zu erhalten. Doch mit zehn Jahren nahm er auch Ballettstunden und war in der ganzen Nachbarschaft nur noch als der »tanzende Junge« bekannt. Sehr stark fühlte er jetzt die Ablehnung seiner Schulkameraden, doch ging er so sehr in seinem Tanzunterricht auf, daß es ihm, wie er selbst sagt, ganz gleichgültig war, was die anderen Jungen von ihm dachten. Und weil er instinktiv spürte, daß zwischen seiner Welt, der Welt des Tanzes, und dem gewöhnlichen Kleinstadtleben ein zu großer Unterschied war, lernte er, ihren Hänseleien gegenüber – und sei es auch nur nach außen hin – den Gleichmütigen zu spielen. In dieser Zeit begann seine Selbstanalyse, der schwere Weg der Suche nach seiner eigenen Persönlichkeit.

Trotz allem konnten ihm sein Interesse und seine Teilnahme am Sport und an Spielveranstaltungen noch eine Zeitlang dazu verhelfen, sein Image als normaler, angepaßter Junge zu wahren. Doch machte er nicht etwa mit, weil er gezwungen wurde, sondern es machte ihm wirklich Spaß. Ricky ging zum Schwimmen, in Gymnastik- und Akrobatikkurse und war besonders aktiv in der leichtathletischen Disziplin des Weitsprungs. Hauptsächlich mochte er die individuellen Sportarten; hier lernte er vor allem, mit seinem Körper umzugehen und war wie beim Tanzen ganz intensiv bei der Sache. Immer mehr entdeckte er beim Training das Wunder des menschlichen Körpers, und sowohl der Athlet wie auch der Tänzer hatten großes Vergnügen daran, ihn an seine Grenzen zu führen.

Da sein Tanzleben von den Freunden und Nachbarn gleichen Alters nicht geteilt wurde, würde er sicher viel einsamer geworden sein, wäre er nicht von klein auf gewohnt gewesen, viel mit Erwachsenen zusammen zu sein. Schon als kleines Kind hatte er für seine Eltern und ihre Freunde Vorstellungen gegeben und versucht, ihnen zu gefallen. Als er dann älter wurde, glich er sich immer mehr deren Niveau an. »Wenn ich sie nicht langweilen wollte, mußte ich schneller erwachsen werden als ein durchschnittliches

Erste Vorstellung,
Stock Tanz 1952

First Performance,
The Cane Dance 1952

Kind, und so lernte ich bald, den Mund zu halten, zuzuhören und vom Gehörten zu profitieren und zu lernen. Meine Eltern und einige ihrer Freunde wirkten in einer Theatergruppe mit, und ich drängelte mich geradezu in diese Erwachsenenwelt, denn ich wollte bei ihren Theaterspielen mitmachen. Sie waren nur eine kleine Gruppe, und die meisten waren blutige Amateure, doch ich fühlte mich bei diesen Theaterfans so wohl, wurde freundlich aufgenommen und war bald einer von ihnen.«

Tatsächlich spielte das Theater in Richard Craguns Leben eine in noch weiterem Sinne als der Tanz entscheidende Rolle. Zu der Zeit, als er noch in den Stepptanzunterricht ging, wurde er aufgefordert, bei den »Eaglet-Players« mitzuspielen, einer Kindertheatergruppe in Sacramento, die aus ungefähr dreißig Mitgliedern zusammengesetzt war. Ab diesem Zeitpunkt wurde für Ricky das Theaterspielen lebensnotwendig und war nicht etwa nur eine Randerscheinung seines Tänzerlebens. Die Stücke der »Eaglet-Players« waren für ein Kinderpublikum gedacht und brachten Stücke wie »Peter Rabbit«, »Der standhafte Zinnsoldat« und andere Märchen auf die Bühne.

Die für Ricky herausforderndste Rolle war die der Vogelscheuche in »Peter Rabbit« gewesen. An sich ist eine Vogelscheuche eine unbeseelte, zur Reglosigkeit verdammte Figur, doch sollte sie sich in diesem Stück, entgegen ihrer Bestimmung bewegen. Die Möglichkeiten waren begrenzt, ebenso der Bühnenraum – und genau dies erweckte bei Ricky das Verlangen, neue Horizonte zu erforschen. Und so erhielt er mit dreizehn Jahren die erste Gelegenheit zu »choreographieren«. Der Regisseur wollte versuchen, die Vogelscheuche aus ihrer statischen Position zu befreien. »Es geht darum«, erklärte er Ricky, »zu zeigen, daß du nicht nur im Feld stehen mußt; ich möchte, daß du dich um die Bühne herum bewegst.« Rickys sofortige Antwort war: »Warum gehe ich eigentlich nicht hinaus ins Publikum?« Und er ging in den Zuschauerraum hinunter, tanzte zwischen den Sitzbänken nach Art des Ray Bolgar und improvisierte kleine Gespräche mit den Kindern im Publikum. Der Wunsch, in einer Rolle, gleichwohl innerhalb ihrer Grenzen, selbst kreativ zu werden, wurde immer stärker. Jahre später sollte in Stuttgart John Cranko auf diese kleine Vogelscheuche treffen, die zwar jetzt weit weg von den

Cragun mit den Cliff Klein-Tänzerinnen

Cragun with the Cliff Klein – Dancers

Theatersitzbänken Sacramentos war, die sich aber immer noch danach sehnte, ihrer Phantasie freien Lauf und endlich die Zügel schießen lassen zu können. Cranko stillte dieses Verlangen letztlich damit, daß er Cragun solche Rollen übertrug wie die des Petrucchios in »Der Widerspenstigen Zähmung«, wo er innerhalb einer spezifischen Darstellung und innerhalb der formalen Regeln des Balletts die Möglichkeit bekam, diesen freien, robusten und zügellosen Charakter nach seinen eigenen Vorstellungen zu formen. In der Zeit, als Ricky mit der Vogelscheuche experimentierte, wurde ihm von einer anderen Amateurgruppe aus Sacramento eine noch anspruchsvollere Rolle angeboten. Er sollte in einem Passionsspiel den Part des Knaben Jesu übernehmen, und zwar in der Szene, in der Jesus im Tempel mit den Schriftgelehrten diskutiert und diese durch sein Wissen tief verwirrt. Zu dieser Rolle gehörte auch, daß der Darsteller ein Gebet in Hebräisch vortragen mußte. Über seine Erfahrungen während dieses Passionsspiels erzählt Cragun: »Diese Zeit war sehr wichtig für mich; zum ersten Mal hatte ich eine ernsthafte Rolle zu spielen, und zum ersten Mal war ich völlig frei von dem Gedanken, ob ich wohl jemand gefallen würde. Instinktiv fühlte ich, daß dies in der Kirche – wo das Spiel aufgeführt wurde – fehl am Platz sei. Eigenartigerweise wurde ich durch diese Rolle auch viel strenger mit mir selbst und meinen Tanzstudien. Und da mir das Ballett sowieso mehr Tiefgang zu haben schien als der Stepptanz, beschloß ich, mich darauf mehr zu konzentrieren. Zudem hatte mir jemand gesagt, die großen Tage des Filmmusicals der 30er und 40er Jahre seien vorbei, für mich gäbe es dort keine Zukunft. Wenn ich also im modernen Musical, das einen ganz neuen Tanzstil hatte, mittanzen wollte – als Beispiel nenne ich das Stück ›Sieben Bräute für sieben Brüder‹ –, dann mußte ich sowohl in Ballett gut sein wie auch in Akrobatik – vielleicht sogar im Schau- und Gesellschaftstanz.

Und so lernte ich von meinem zwölften bis sechzehnten Lebensjahr tänzerisch eigentlich alles darzustellen – vom komischen Hula, über Kriegsgesänge aus Hawaii, bis zum Tanz mit herumwirbelnden Stöcken (die nichts weniger waren als brennende Fackeln) und auf Rollschuhen; ich übte mich in Akrobatik und, um eine gute Haltung zu bekommen, zu all dem auch noch in Gesellschaftstänzen.

Richard Cragun
1952

Petrucchio 1969

Mit Laurie Thornton

Façade, Abschlußvorstellung Royal Ballett Schule, London

Façade, Graduation Performance Royal Ballet School, London

Mit Geri Kolb

Arabesque, mit Sharon Kirk, Banff School of Fine Arts, Canada

Mit Marilyn Jones

Vogelscheuche, während der Pause, Eaglet Theater

Scarecrow, during Intermission, Eaglet Theater

Ich besuchte so viele verschiedene Tanzklassen, daß meine schulische Arbeit darunter zu leiden hatte. Dies war insofern unangenehm, weil Vater und Mutter früher Lehrer gewesen waren – mein Vater wurde erst später Bibliothekar. Zudem war mein älterer Bruder Robert ein brillanter Schüler. So mußte ich mich letztlich diesen Leistungszwängen unterwerfen, rümpfte zwar ein wenig über mich selbst die Nase und ging zur Schule, weil es von mir erwartet wurde. Obwohl ich keine ausgesprochen schlechten Noten hatte, waren die Zensuren nicht so, wie sie hätten sein sollen.«

Trotz der zunehmenden schulischen Anstrengungen stand das Ballett immer an erster Stelle. Rickys erste Ballettlehrerin war Barbra Briggs, die er während der Vorstellung des Stücks »Der standhafte Zinnsoldat« kennengelernt hatte. Diese Frau hatte bis zu seinem fünfzehnten Lebensjahr einen sehr entscheidenden Einfluß auf ihn gehabt – in ganz anderer Weise als seine Eltern. »Barbra legte nicht nur den Grundstein für meine akademische Ballettausbildung, sondern – und das war noch viel wichtiger – sie konnte während des Unterrichts all ihre Schüler in ihrer Begeisterung und Leidenschaft für die Welt des Theaters mitreißen. Eigentlich«, so fährt Cragun fort, »waren all meine Beziehungen zu meinen Lehrern immer ein großes Geschenk in meinem Leben. Ich will nur drei Namen nennen: Adelaide Winters vom Eaglet-Theater, Barbra Briggs und natürlich John Cranko. Alle drei wußten einem jungen Künstler die innere Kraft zu geben, die ihn befähigte, sein Talent zu entdecken und zu entfalten, seine Gefühle auszudrücken. Sie sind auch meine Wurzeln, aus denen ich die Kraft nehme, anderen eine Hilfe zu sein; damit meine ich nicht nur den Beistand in akuten Notsituationen, sondern vielmehr eine Art Unterstützung, die man braucht, will man eine Antwort auf sich selbst finden oder sein eigenes Profil entwickeln. Dies haben sie mich gelehrt in jenen magischen Zeiträumen, die die Arbeit an einer neuen Produktion umfassen – vom Schöpfungsprozeß bis zu den Proben.«

Um auf Richard Craguns Zeit mit Barbra Briggs zurückzukommen: Ihre erste Kreation war »Cinderella«, und Ricky war damals zehn Jahre alt. Barbra leitete zu dieser Zeit eine kleine Junioren-Ballettgruppe von Mädchen, die das »Camellia-Ballett« genannt wurde. Sie brauchte dringend einen Prinzen und fragte Ricky, ob er nicht einige Ballettstunden nehmen und bei ihnen mitmachen wolle. »Ich will!« sagte er gewichtig. Er liebte diese Ballettstunden so sehr – es waren seine ersten –, daß es ihm überhaupt nichts ausmachte, der einzige Junge im Studio zu sein.

Er blieb es sechs Jahre lang und wurde für die ganze Tanzschule eine große Bereicherung, und wahrscheinlich getrauten sich wegen ihm auch andere Jungen, Ballettunterricht zu nehmen. Schon bald konnte das ehrgeizige Ballett mit Produktionen wie »Daphnis und Chloë« oder »Das Urteil des Paris« in die Städte der näheren Umgebung auf Tournée gehen.

Rickys Engagement beim Ballettunterricht wuchs von Tag zu Tag, und immer heftiger verlangte er, auch in anderen Arten von Tanz unterrichtet zu werden, was zur Folge hatte, daß seine Leistungen in der Schule wieder merklich nachließen. Nicht zuletzt daran erkannten schließlich seine Eltern, daß ihr zweiter Sohn dazu bestimmt war, eine Laufbahn einzuschlagen, die völlig außerhalb ihrer Welt liegen würde. »Offensichtlich«, sagten sie eines Tages zu ihm, »geht dein Weg in die Kunst; du kannst aber sicher sein, daß wir jederzeit hinter dir stehen werden und stolz auf dich sind.« Cragun erinnert sich: »Niemals wurde mein Entschluß, Tänzer zu werden, in Frage gestellt. Die Tür war immer offen gewesen. Vor mir lag das große Abenteuer – einen Hauch davon hatte ich schon seinerseits bei meiner Vogelscheuche verspürt. Niemals gab es deswegen eine Familienauseinandersetzung; erst als ich nach Ansicht meiner Eltern zu weit vom Elternhaus weg wollte, entstanden die Probleme.«

Durch die Kontakte von Barbra Briggs zur Royal Academy of Dance wurde Richard Cragun im Alter von fünfzehn Jahren an der »Banff-School of the Arts« in den Bergen Kanadas ein Sommerstipendium angeboten. Das war im Jahre 1960. Er hatte nicht die geringste Ahnung davon, was hinter Sacramento liegen würde, bestieg zum ersten Mal in seinem Leben einen Greyhound und fuhr einem ungewissen Schicksal entgegen.

In diesem Sommer in Banff kam er unter die Fittiche englischer und kanadischer Ballettlehrer, von denen die meisten nach den Methoden der Royal Academy lehrten. Hier konnte Ricky in genau seinem Niveau entsprechenden, sorgfältig ausgesuchten Produktionen mitarbeiten. Zum ersten Mal tanzte er ein »Ballett blanc«, ein Werk mit dem Titel »Arabesque«, das speziell für das Banff-Dance Touring Ballett choreographiert worden war. Die Choreographin war einer der ältesten Ballett-Pioniere Kanadas, Gwyneth Lloyd. Das war genau die Richtung, die Ricky weiter verfolgen würde.

Im folgenden Jahr ergab es sich, daß das Royal Ballet London nach Sacramento kam und das Briggs-Studio für seine Proben benutzte. Richard konnte bei ihren Aufführungen als Statist mitwirken. »Zu dieser Zeit lernte ich Alexander Grant kennen. Er spielte eine entscheidende Rolle in meinem weiteren Leben. Zunächst einmal, weil er eine so phantastische Rolle in der ›Undine‹ tanzte. Er rannte in einem großen, flatternden Cape auf die Bühne und erinnerte mich deshalb sehr stark an meine Kindheit und an die Materialien, mit denen ich zuhause getanzt hatte. Dieser Auftritt Grants faszinierte mich mehr als alles, was ich bisher gesehen hatte. Während der Proben führte ich lange Gespräche mit den Royal-Ballettänzern über das Ballett, über die Studien und über das Ballettleben überhaupt.

Ich hatte mir damals überlegt, nach San Franzisco zu gehen. Dies war die Sacramento nächst gelegene Großstadt, die auch eine gewisse Balletttradition aufzuweisen hatte und von deren Möglichkeiten ich mir einiges erhoffte.

Die Eltern
Cragun with Parents

Die Brüder, Bob und Larry

Brothers, Bob and Larry

Mit der ersten Lehrerin, Barbra Briggs

With first ballet teacher, Barbra Briggs

Doch Mr. Grant sagte zu mir: ›Warum kommst du nicht mit nach London auf die Royal Ballet School?‹, und ich antwortete: ›Warum eigentlich nicht?‹ Dies schien zunächst sehr unrealistisch zu sein; ich war noch keine sechzehn, wußte wenig über das Royal Ballet und so gut wie gar nichts über die Ballettwelt als solche. Trotzdem hatte ich mir in den Kopf gesetzt zu gehen. Zwar hatten meine Eltern damit gerechnet, daß irgendwann in naher Zukunft eine Trennung unabwendbar sei, aber dies war ihnen doch zu abrupt. Sie wollten, daß ich die Schule beende. Sie sahen zwar ein, daß ich ein professionelleres Training brauchte, als ich es bis jetzt gehabt hatte, und hatten auch vorausgeahnt, daß ich mein Elternhaus früher verlassen würde als andere Kinder, doch waren sie der Ansicht, daß San Franzisco, das nur eineinhalb Stunden entfernt lag, für mich besser sei.« Der Beweggrund der Craguns war, daß San Franzisco noch so nahe läge, daß sie ihren Sohn jederzeit besuchen und, wenn nötig, vor den »Gefahren der Welt« schützen könnten.

Doch Richard erhielt unerwartete Unterstützung von seiten einer Hochschulberaterin. Sie hatte ihm verständnisvoll zugehört, als er ihr erzählte, daß gerade jetzt die Möglichkeit bestünde, nach London zu gehen und daß, wenn er hier das Gymnasium beenden würde, zwei ganz entscheidende Jahre geopfert würden. Sie sagte ihm, daß ihm der Gymnasiumabschluß auf dem Arbeitsmarkt sowieso nichts nützen könne – ein Hochschuldiplom sei heutzutage das mindeste an Qualifikation. Wenn er ins »Ballettgeschäft« wolle, solle er unbesorgt sofort damit anfangen. Schließlich stimmten die Craguns dem Wechsel nach London zu, aber nur unter der Bedingung, daß Ricky in der dortigen Schule ähnliche Fächer wie in Sacramento belegen und nach Ablauf eines Jahres zurückkehren würde.

So ging der »tanzende Junge« von Sacramento nach London. Niemals sollte er wieder zurückkommen, um zu bleiben. Sein meteorartiger Aufstieg in der harten Konkurrenzwelt des Balletts hatte begonnen.

Kalifornien, leb wohl

Der Traum aller amerikanischen Eltern ist es, daß ihre Kinder, speziell die Söhne, auf die Universität gehen. Das wünschten sich auch die Craguns für ihre drei Söhne und waren gern bereit, die Kosten dafür auf sich zu nehmen. Obwohl Richard mit seinen Tanz- und Theaterambitionen eine ganz andere Richtung einschlagen wollte, hatte er von seinem Vater die Zusage einer soliden Unterstützung erhalten. Mr. Cragun gab seinem 16jährigen Sohn das für ihn vorgesehene Studiengeld für die Reise nach London, ebenso eine Summe für Ballettstunden, Miete, Mahlzeiten und sonstige Nebenkosten. Für das ganze Jahr belief sich der Betrag auf 1000 Dollar. Richard schien dieses Budget ausreichend zu sein: »Es war schwierig, aber nicht unmöglich. Diese Reise nach London war für mich in mehrfacher Weise lehrreich: Auf der einen Seite lernte ich Verantwortung zu tragen, auf der anderen Seite war ich zum ersten Mal im Ausland allein, d. h. frei und ohne Aufsicht. Einerseits war ich auf der Hut, handelte vorsichtig, andererseits suchte ich das Abenteuer, die Herausforderung. Dieser Zwiespalt übertrug sich auch auf meine Arbeit. Zum ersten Mal wurde ich mir meiner zwei Naturen bewußt – meine Mutter hatte sie schon seit jeher erkannt. Es begann die Auseinandersetzung mit mir selbst. Ich war zwar praktisch und vernünftig, doch dachte ich auch oft: ›Zum Teufel, tu doch, was du möchtest!‹ Diesen Widerspruch trage ich noch heute in mir herum.«

Seine beiden Brüder zuhause nahmen dies alles ohne Neid und Groll hin. Für sie war es ganz logisch, daß das »theaterspielende Kind« das Studiengeld für seine Londoner Ballettausbildung benötigte. Wie schon die Eltern, so unterstützten auch Bob, der ältere Bruder, der Mathematiker wurde, und Larry, der jüngere, der sehr durch Sehschwierigkeiten behindert war, dieses außenseiterische Familienmitglied nach Kräften. Erst viele Jahre später, als Richard Cragun einmal als Star zu einem Besuch nach Sacramento zurückkam und dies in der lokalen Presse großes Aufsehen erregte, spürte er zwischen sich und seinen Brüdern eine Barriere; sie hatten einfach Schwierigkeiten, zu ihrem nunmehr erwachsenen Bruder, der eine internationale Berühmtheit geworden war und überall gefeiert wurde, wieder die alte Beziehung zu bekommen. »Eines Tages beim Essen«, erinnert sich Ricky, »sagte ich zu den beiden: ›Hört endlich auf, mich anzustarren, als sei ich Greta Garbo. Ich bin euer Bruder!‹ Damit war das Eis gebrochen und alle lachten. Für eine Zeitlang hatten sie mich außerhalb ihrer Welt gesehen, aber bald waren wir uns wieder so vertraut wie früher.«

Dieses Jahr in London brachte Richard Cragun sowohl neue Freunde und Kollegen wie auch einen sehr umfassenden Unterricht auf der Royal Ballet School. Während seiner Freizeit besuchte er noch zusätzliche Klassen und Kurse, um die drei Examen zu bestehen, die die Royal Academy anbot, die aber nichts mit der Royal Ballet School zu tun hatten. Der Höhepunkt des ganzen Jahres war die Jahresabschlußfeier der jeweiligen Tanzklassen. Sie fand im Royal Opera House statt, und zum ersten Mal hatte der berühmte englische Choreograph Kenneth MacMillan den diesjährigen Prüflingen ein Ballett gewidmet. In diesem »Dance Pavanse« tat sich der junge Cragun besonders hervor und wurde allseits bewundert. Diese erste Zusammenarbeit mit MacMillan, dem engen Freund und Kollegen John Crankos, sollte in den folgenden Jahren in Stuttgart fortgesetzt werden, wo MacMillan als Gastchoreograph seine Meisterwerke kreieren würde.

John Cranko

Romeo und Julia mit
Marcia Haydée

Romeo

Romeo und Julia mit
John Neumeier als Paris

Romeo and Juliet with
John Neumeier as Paris

Zu Beginn seines zweiten Jahres in Europa nahm Cragun Privatstunden in Kopenhagen bei einer der großen Ballettlehrerinnen dieses Jahrhunderts, nämlich bei Vera Volkova, die in Rußland ausgebildet worden und eine Lieblingsschülerin der brillanten und bahnbrechenden Pädagogin und Hauptlehrerin des königlichen dänischen Balletts, Agrippina Vaganova, gewesen war. Mit Madame Volkova arbeitete er täglich vier Stunden, die angereichert waren durch lange, intensive Gespräche. Volkovas Hauptziel war es, dem vielversprechenden 17jährigen Jungen den nötigen Schliff in Bewegung und Ausdauer zu geben. So erzählt Richard Cragun über diese Zeit: »Ihre Bildersprache war wundervoll: ›Du hältst eine Wolke, fühlst du ihre Weichheit?‹ Und sie lehrte mich, daß nichts, was auch immer getan oder getanzt wurde, ohne Bedeutung sei. Wenn ich zurückdenke, wird mir klar, daß ich bei ihr lernte, aufrichtig zu sein, neugierig und lernbegierig.«

Mit der Zeit war Richard Cragun unter der Führung seiner Londoner Lehrer und der Volkova nicht nur als Tänzer reifer geworden, sondern auch oder ganz besonders als Mensch. Natürlich war er noch sehr jung, doch die Freiheit dieser Jahre hatte ihm die Möglichkeit gegeben, sein gesellschaftliches Umfeld zu erforschen, was ihn wiederum dazu brachte, seine sichere, beschützte Kindheit mit all ihren Konventionen zu überdenken und zu hinterfragen. »Immer war ich der nette Bursche gewesen. Anfangs hatte ich dies noch als Kompliment empfunden, aber allmählich war mir dieses Image verleidet, da es nur eine Seite meines Wesens traf. Das Reisen und die neuen Kulturen gaben jedoch meiner rebellischen und abenteuersuchenden Seite neue

Der Widerspenstigen
Zähmung, Petrucchio

The Taming of the
Shrew, Petrucchio

Nahrung, und zu diesem Zeitpunkt nahm ich meine bisherigen Wert- und Moralvorstellungen unter die Lupe. Je mehr ich sie untersuchte, desto mehr zerbrachen sie mir. In mancherlei Hinsicht fühlte ich mich durch diesen Prozeß immer einsamer, anders ausgedrückt, ich spürte schon früh die Bitterkeit des Alleinseins und spielte und versteckte mich hinter den Masken meiner beiden Naturen. Manchmal war es sehr schwer für mich, aber bald entdeckte ich durch meine im Grunde optimistische Lebenseinstellung, die mir oft über mancherlei hinweggeholfen hat, daß Einsamkeit und Alleinsein notwendig sein können – entgegen der landläufigen Vorstellung, Einsamkeit bedeute Verlassenheit und Melancholie.

Ich entwickelte immer stärker den Drang und schließlich auch die Fähigkeit, zu allen nur denkbaren Leuten in den verschiedensten Situationen Kontakt zu finden – vielleicht weil ich in meiner Jugend außerstande war, meine Gefühle auszudrücken. Sicherlich wirkte sich dies später wesentlich aus in meiner Beziehung zum Stuttgarter Ballett. Am Ende meines zweiten Jahres in Europa war ich mir zwar noch nicht sicher, wohin mich meine innere Suche führen würde, aber als ich zu dieser Zeit der Einladung des Stuttgarter Staatstheaters folgte, war eines klar: Stuttgart würde meine neue Heimat werden.

Niemals vergesse ich meine erste Begegnung mit John Cranko. Es war in der Kantine des Stuttgarter Staatstheaters. Zu dieser Zeit hatte Cranko kein Büro. Er wollte auch keines. Sein »Office« war mitten unter seinen Tänzern an einem fettigen runden Kantinentisch. Was mir zuerst an

Opus I, mit Birgit Keil

Seite 26
Prinz Siegfried,
Schwanensee,
Erster Akt

Prince Siegfried, Swan Lake, First Act

Seite 27
Hochzeit solo, Der Widerspenstigen Zähmung

Wedding Solo, The Taming of the Shrew

25

Onegin, erster Akt
(First Act)

Poème de l'extase, mit
Egon Madsen und
Dame Margot Fonteyn

ihm auffiel, waren seine blauen, durchdringenden, aufrichtigen Augen. Mit einem breiten Grinsen, eine Zigarette im Munde balancierend, sagte er zu mir: ›Oh, hallo, Du mußt Richard sein. Willkommen in Stuttgart . . . willst du einen Kaffee?‹ In diesem Augenblick war ich in ›die Familie‹ aufgenommen. Und dieses Gefühl hat mich nie mehr verlassen.

John Cranko hatte vom ersten Moment an – ganz anders als ich selbst und als meine Mutter – meine Doppelnatur erkannt und sah die Möglichkeiten, die sich daraus für mich ergeben könnten. Immer schon hatte er die verschiedensten Menschen, alle nur möglichen Talente um sich versammelt. Er brauchte einfach begabte ›Kandidaten‹ um sich, wie jene sich selbst lachend bezeichneten – zum Beispiel Marcia Haydée und Egon Madsen, beide bisher von anderen Ballett-Direktoren abgelehnt, und nun dieser junge Tänzer aus Sacramento, der sich noch unter Beweis stellen mußte.«

John Cranko trat genau zum richtigen Zeitpunkt in das Leben von Richard Cragun. Er leitete und führte, instruierte und choreographierte mittels phantasievoller, zutreffender Bilder, so wie es auch die Volkova getan hatte. Zudem traf Cragun in Stuttgart auf Anne Woolliams, die Hauptlehrerin des Stuttgarter Balletts. Sie hatte unter der Volkova studiert und war ganz stark von ihrer Methode und ihrem Lehrstil beeinflußt. Später gesellte sich noch Alan Beale, ehemals Solist des Royal Ballet, zum Stuttgarter Lehrkörper und stärkte ebenfalls Crankos Plattform des klassisch orientierten Lehrers. Beale war es, der Cragun den letzten Anstoß gab, sich ganz dieser Ballettrichtung zu verschreiben.

1961 hatte John Cranko die Direktion des Stuttgarter Bal-

Poème de l'extase on the Met, with Cragun, Fonteyn, Clauss, Cranko, Madsen

letts übernommen. Durch seine choreographische Schöpfungskraft schien die Brillanz der Ära des Jean George Noverre, einer zwei Jahrhunderte früher Geschichte machenden Periode des Balletts in Stuttgart, wieder auferstanden zu sein. Obwohl der in Süd-Afrika geborene Cranko sich als Choreograph schon mit dem Sadler's Wells Ballet, dem späteren Royal Ballet London, einen Namen gemacht hatte, entfaltete sich sein Genie erst richtig in Stuttgart – leider nur für kurze aber dennoch unglaublich produktive zwölf Jahre, bis zu seinem viel zu frühen Tod im Jahre 1973.

In seinem Einführungsjahr in Stuttgart hatte er eine bislang unbeachtet gebliebene, schwarzhaarige Brasilianerin engagiert, die vorher im Ballett des Marquis de Cuévas getanzt hatte, und einen jungen Blonden vom Pantomimen-Theater des Kopenhagener Tivoli, der vom Königlich-dänischen Ballett übersehen worden war. Mit diesen beiden hatte das Stuttgarter Ballett sowohl eine potentielle Prima-Ballerina von internationalem Format, nämlich Marcia Haydée, und einen hervorragenden Ersten Tänzer, nämlich Egon Madsen, gewonnen. Im folgenden Jahr produzierte Cranko für das Stuttgarter Ballett »Romeo und Julia« zu der Musik von Sergej Prokofjew (eine frühere Version hatte er schon für die Tänzer der Mailänder Scala auf die Bühne gebracht), ein Ballett, das in der glorreichen Stuttgarter Dekade zum Markstein des Cranko-Repertoires werden sollte.

Eben zu dieser Zeit schloß sich Richard Cragun, nunmehr achtzehn Jahre alt, der Truppe an. Er war zwar nicht Crankos »erster« Romeo, aber für lange Zeit sollte diese Rolle »seine« werden. Er war und ist einer der glühendsten, kühnsten, romantischsten, dramatischsten und aufregendsten Romeos, den das Ballettpublikum je erlebt hat.

Brouillards

Cranko, »unser Telefon zum Leben«

Marcia Haydée, Egon Madsen, Birgit Keil, Heinz Clauss und andere Tänzer des neuen Stuttgarter Balletts blühten unter der Führung John Crankos förmlich auf. Er war ihr aller Freund, er entdeckte ihr Naturell, gab ihnen die besten Lehrer und Ballettmeister (er selbst unterrichtete selten), choreographierte Ballette und Divertissements speziell auf sie zugeschnitten, forderte sie dazu auf, sich ganz auf ihre eigene innere Kraft zu konzentrieren und machte sie letztlich alle zu großen Stars.

Über den jungen Cragun sagte er einmal: »Mir reicht es völlig, den Vorhang öffnen zu lassen und Ricky dort stehen zu sehen. Dann bin ich beruhigt und zufrieden.« Natürlich hatte er die Rolle des Romeo einstudiert! Er kreierte für ihn 1965 »Opus 1« wie auch eine der Hauptrollen in »Initialen R.B.M.E.« (1972); außerdem gab er ihm jene Partie, die eine Herausforderung für jeden Tänzer bedeutet, nämlich die des Petrucchio in »Der Widerspenstigen Zähmung« (1969) sowie weitere Schlüsselrollen in einem Dutzend anderer Ballette, z. B. in »Brouillards« und »Poème de l'éxstase« (mit Dame Margot Fonteyn), »Carmen« oder »Legende«.

Es war seltsam, und vielleicht wollte Cranko damit choreographisch sein Vertrauen ausdrücken: Als sich der Vorhang zu »Opus 1« und »Initialen R.B.M.E.« öffnete, stand Richard Cragun tatsächlich nur einfach da. An solchen Stellen wurde deutlich, daß Cranko seine Choreographie nicht nur nach dem technischen Niveau des Tänzers, sondern auch nach dessen Natur, dessen Persönlichkeit ausrichtete.

So hatte er in dem jungen Cragun dessen Einsamkeit und Dualität, dessen widersprüchliches Wesen erkannt, das »Yin und Yang«, das Positive und das Negative, das Überschwengliche und die oftmals selbstmordnahe Niedergeschlagenheit. Als sie einmal über die Motive einer Rolle diskutierten, erklärte ihm Cranko: »Niemand kann dir irgendetwas erzählen, Ricky, denn du hast mit dir selbst schon genug gelitten und wirst auch noch genug zu leiden haben.« Dies traf genau Richards Problem, und er selbst meint dazu: »Auch wenn ich im Grunde ein lebensfroher Mensch bin, so bin ich mir trotzdem des Todes immer bewußt, sogar den Selbstmord gibt es in meiner Philosophie. – Oh nein, nicht daß ich wirklich an Selbstmord gedacht habe, aber ich habe mich mit dem Phänomen des Selbstmords und den verschiedenen Zuständen, die zu ihm hinführen, auseinandergesetzt. Und ich weiß auch um seine große Anziehungskraft. Er fasziniert mich und treibt mich deswegen auch zu Selbstvorwürfen, er schwebt über mir als Ausdruck meiner Widersprüchlichkeit. Ausweglosigkeit, Verzweiflung, Ängste und vielleicht auch gefährliche Kräfte führen mich bergab; dann denke ich: Wie tief kann einen diese Selbstzerstörung führen? Und dann steige ich wieder hinauf, lache über mich selbst, freue mich und finde zu meiner Lebenslust zurück. An sich sind meine Stimmungen nicht so interessant – vielleicht für meine Freunde –, aber ich spreche jetzt darüber, weil solche Gefühle positiv genützt werden können, weil man als Schauspieler daraus sehr wichtige Erfahrungen ziehen kann.

John Cranko hatte das lange vor mir gesehen. Als er an ›Opus 1‹ arbeitete, ich war gerade Anfang Zwanzig, sagte er mir dazu nur eins: ›Es soll die Geburt eines Mannes zeigen, seine Begegnung mit einer Frau und sein Sterben.‹ Mehr sagte er nicht. So entwickelte ich meine eigenen Bilder: Zu Beginn kriecht der Mann durch die Beine einer Frau. In der choreographischen Bildersprache sieht das so aus, als sei er in einer riesigen Blume verborgen. Ich versuche, mich selbst als ein Insekt zu denken, das im Kelch einer Blume sitzt. Dann tritt das Weibliche in Erscheinung, die Paarung beginnt. Den Prozeß des Sterbens stelle ich einfach als Sterben des Insekts dar. Als ich dieses Ballett tanzte, fühlte ich mich buchstäblich als Teil der Insektenwelt. In der Presse und beim Publikum wurde dieses Stück als die Darstellung eines universellen Menschenlebens verstanden, für mich war es nur das Insekt und sein Tod.

John hat uns immer ermutigt, unsere eigenen Interpretationen zu entwickeln. Es kann zwar verhängnisvoll werden, auf der Bühne persönliche Gefühle zu erlauben, denn sie können den Tänzer während der Vorstellung plötzlich überwältigen, aber ich glaube fest daran, daß die Erfahrungen hinter der Bühne eine Darstellung auf der Bühne nur erweitern und ständig vertiefen können – man muß nur diszipliniert bleiben. Das gilt sowohl für die Technik als auch für die Emotionen.

Mit ›Opus 1‹, ›Der Widerspenstigen Zähmung‹ und ›Spuren‹ zeigte mir Cranko alle meine Seiten, die negativen wie die positiven. Dafür werde ich John immer lieben. Er war nicht nur ein genialer Choreograph, sondern auch ein Befreier; d. h. er befreite uns von unseren Krusten und Hemmungen und legte unser Wesen frei.

Das R. in ›R.B.M.E.‹ war ich. Und während einer Vorstellung, es war in Moskau, ließ ich mich hinreißen. Ich verlor die Nerven und dadurch meine emotionale Kontrolle und gab eine sehr magere Vorstellung. Ich lernte daraus soviel, daß es die nachfolgenden Auftritte beeinflußte und mir für mein ganzes Leben half. Ich erinnere mich: Ich stand mit dem Rücken zum Publikum und war allein auf der Bühne. Plötzlich fühlte ich in mir etwas aufbrechen und ich begann zu weinen. Ich wußte nicht, wie oder was mir in diesem Moment geschah. Ich hatte den verzweifelten Wunsch nach einem Menschen. Da näherten sich, wie vorgesehen, von den Gassen der Bühne her die anderen »Initialen«, Marcia, Egon und Birgit, sahen mich an und berührten mich. Niemals werde ich den Ausdruck in all ihren Augen vergessen. Egon flüsterte mir zu: ›Komm Ricky, es ist alles gut.‹ Das beruhigte mich auf der Stelle.

Was diese Szene – wenn die drei Menschen aus der Tiefe der Bühne heraus auf mich zukommen und ihre Hände nach mir ausstrecken – bedeuten soll, hatte ich bis jetzt einfach nicht erfaßt, erst jetzt war es mir aufgegangen. In je-

Stadt-Bummel in
Moskau, Cranko,
Haydée und Cragun

Sight-Seeing,
Moscow

nem Augenblick begriff ich, oder besser gesagt fühlte ich das, was die ganze Welt zusammenhält und wonach sich alle Menschen sehnen. In diesem Moment wurde mir bewußt, daß auch das Theaterpublikum sich nach dieser Erfahrung sehnt, daß es angesprochen und von den Darstellern berührt werden will.
Aus diesem Grunde nannten wir alle John Cranko ›unser Telefon zum Leben‹. Er gab unserem Mitteilungsbedürfnis eine Stimme, und zwar jedem von uns auf eine spezifische Weise – der Haydée, der Keil, Madsen und mir.«
Als diese vier zum ersten Mal zu John Cranko kamen, hatte er auf den ersten Blick deren noch verborgenes Potential entdeckt. Von Anfang an war er sich ihrer Talente ganz sicher. Er war es, der Marcia Haydée zu einer großen dramatischen Ballerina unserer Zeit heranbildete, der sie zu einer tanzenden Schauspielerin machte, die sowohl den Anforderungen erhebender Tragödien wie deftiger Komödien gewachsen war, die zarte Verwundbarkeit ausstrahlen konnte wie auch einen eisernen Willen. Er hatte erkannt, daß in Madsen mit seinem dänischem Witz, der für die Darstellung des Gecken in »Der Widerspenstigen Zähmung« oder des überschäumenden, über die Stränge schlagenden Mercutio in »Romeo und Julia« ein ebenso zarter, poetischer Romeo und Prinz für Crankos klassische Ballettversionen steckte. In Birgit Keil hatte er die nach dem Zweiten Weltkrieg erste deutsche Ballerina geschaffen. Mit Richard Cragun zusammen führten diese drei das Stuttgarter Ballett in einer kurzen aber um so strahlenderen Periode zu höchstem, internationalem Ruhm. Ihre Initialen R.B.M.E. waren das Markenzeichen für ein Niveau in der Welt des Tanzes, das dem ihrer berühmten Kollegen in Leningrad, Paris, London und New York in nichts nachstand.

Présence mit Marcia Haydée und Heinz Clauss

Roi Ubu,
Molly Bloom
Don Quichote

Spuren (Traces), mit Marcia Haydée

»Ich glaube«, so Richard Cragun heute, »daß Johns Ballette eine Art Zwiesprache mit seinen Tänzern darstellten, an der später, während der Vorstellung, auch das Publikum beteiligt wurde. Mittels seiner Stücke ließ er seine Familie – und dies waren seine Tänzer – an seinen tiefsten Gefühlen, wie Liebe und Hoffnung, Zweifel und Enttäuschung, und an seinen Träumen teilhaben. So konnte er zu uns sagen: ›In meinen Balletten sollt ihr eure Träume leben und eure Probleme darin begraben.‹ Nirgends offenbarte John sich und seinen Tänzer mehr als in seinen Werken. Alle hatten eine universelle Bedeutung und ihre Botschaft der Menschlichkeit traf direkt in die Herzen der Zuschauer, alle nationalen Schranken niederreißend.

Crankos starke Persönlichkeit half uns auch insofern, als er uns höchstwahrscheinlich davon abhielt, uns ganz in uns selbst, in unsere inneren Konflikte zu verlieren. Seine Anteilnahme an den Problemen seiner Tänzer, sein Engagement für ihre persönliche Entwicklung erwuchs aus der Atmosphäre der Liebe, die buchstäblich von Stuttgart ausströmte. Ein Urteil darüber überlasse ich gerne anderen, aber eines weiß ich, diese Atmosphäre machte ein Leben möglich, in dem man sich auch um andere Menschen kümmern konnte, in dem man menschlich sein konnte. Ich hoffe, dies erklärt, warum die Stuttgarter Art zu leben, zum Inhalt meines Glaubens, meiner Philosophie geworden ist. Es ist in einem strengen Sinne genau das, was in allen Religionen zu finden ist, nämlich ›Brüderlichkeit‹ und ›Nächstenliebe‹. Das war es, was 20 Jahre lang Menschen aus 21 Nationen zu einer Gemeinschaft zusammenwachsen ließ. Unsere Arbeit in Stuttgart wurde von unser aller Wunsch getragen, nach diesen Grundwerten zu leben und ihren tieferen Sinn zu erfassen. Geführt wurden wir von einer Persönlichkeit, deren ganzes Leben ein Streben nach diesem Sinn war und die uns alle daran teilhaben ließ.«

Würde Richard Cragun je die Höhen seiner künstlerischen Leistung und den Ruhm erreicht haben, wenn John Cranko nicht in sein Leben getreten wäre? Darüber sagt er: »Sicher wäre ich trotzdem Schauspieler und Tänzer geworden und wahrscheinlich auch kein mittelmäßiger. Aber ohne John wäre meine künstlerische Entwicklung nicht möglich gewesen. In New York City gibt es Tausende von Tänzern – in Stuttgart waren wir nur 55, die noch dazu mit einem Genie arbeiten konnten, einem Genie, das den Menschen ebenso formte wie den Tänzer. Ich bin im wahrsten Sinn des Wortes Crankos Geschöpf.

Kurz bevor John starb, hatte er fünf Ballette in Planung. Eines davon war der ›Ring der Nibelungen‹, aufgeteilt auf verschiedene Abende, ein anderes ›Othello‹, und das wäre für mich gewesen. Hätte John weitergelebt, würde er neue Tänzer gefunden, sie zu Stars gemacht und neue Ballette für sie geschrieben haben. Er hätte die ›Initialen‹ mit wundervollen Rollen bekleidet, solange wir tanzen wollten. John war immer gegenwärtig. So hinterließ er eine Leere, die ich heute noch spüre. Sein Erbe an mich war eine Karriere, die ich allein nie geschafft hätte. Er leitete Cragun, den Schauspieler zum Mittelpunkt der Bühne, Ricky, den Menschen aber, führte er zu sich selbst.«

Ballerinen, im besonderen Marcia

Als Cranko den 17 Jahre alten Richard Cragun engagierte, war dieser ein unbeschriebenes Blatt.
Der neue Direktor des Stuttgarter Balletts suchte männliche Tänzer von vielversprechendem, hohem Rang und er holte sich Rat bei der Royal Ballet School in London. Dort hatte man ihm gesagt, daß ein gewisser Richard Cragun derjenige wäre, den er engagieren solle. Cragun hätte vor kurzem das Adeline Genée-Stipendium gewonnen und dessen finanzielle Anerkennung dazu benutzt, um bei der Volkova in Kopenhagen Unterricht zu nehmen. Cranko griff die enthusiastische Empfehlung auf und lud Cragun nach Stuttgart ein. Nach dem formellen Vortanzen, dessen Ausgang schon von vornherein klar war, wurde sofort der Vertrag geschlossen. Aber nicht einmal der allwissende Cranko war sich in diesem Moment bewußt, daß er damit den Grundstein gelegt hatte für eine der großen Ballettpartnerschaften des 20. Jahrhunderts.

Marcia Haydée erinnert sich heute noch deutlich an das erste Mal, als sie eine größere Rolle mit Cragun tanzte: »Ray Barra hatte eine Achillessehne verletzt, und wir hatten eine ›Romeo und Julia‹-Vorstellung auf dem Spielplan. Cranko hatte dieses Ballett für Ray und mich auf die Bühne gebracht und spürte, daß von der Technik her nur Ricky in der Lage wäre, Ray zu ersetzen. Es wurde dann eine richtige Katastrophen-Vorstellung. Beide fielen wir hin. Ricky war so nervös, daß aber auch alles danebenging. Unser Timing war nicht synchron, und am Ende der Vorstellung war er völlig am Boden zerstört. Wenn ich heute mit ihm tanze, habe ich keinerlei Sorgen. Es ist, als ob wir denselben Atem hätten.

Ich glaube kaum, daß ich heute das wäre, was ich bin, hätte ich nicht John und Ricky gehabt. Ricky half mir, meine persönliche Seite als Frau zu entwickeln, ebenso meinen Tanz. In für mich schwierigen Rollen war er immer sehr geduldig und hilfsbereit. Ich half ihm eigentlich nur insofern, als ich ihm sagte, er solle ganz er selber sein und sich jeder Rolle in seiner eigenen, ganz persönlichen Art nähern. Darin waren wir vollkommen verschieden. Ich vertraute mehr meinem Instinkt, während Ricky analytisch vorging. Das sind zwei sehr unterschiedliche Methoden, aber wie man sieht, kamen wir beide zu demselben Ergebnis. Bei mir ist es so: Ich sehe das Ende, das erreicht werden muß, und gehe direkt darauf zu. Ricky dagegen beleuchtet alles von mehreren Seiten. Und damit gab er mir das Gefühl von Gleichgewichtigkeit. So gegensätzlich wir waren und sind, passen wir doch zusammen.«

Cragun erzählt: »Die Intensität, mit der Marcia an ihrer Karriere arbeitete, ist für jeden Tänzer vorbildlich. Sie ar-

Initialen R.B.M.E.   Initials R.B.M.E.

beitete hart, die Spitze zu erreichen, und sie hat es geschafft. Bis zum heutigen Tag trainiert sie nicht etwa 100prozentig, nein, mit ihrer unermüdlichen Energie sogar 130prozentig. Als Darstellerin ist ihre Dramatik phänomenal, doch beherrscht sie ebenso brillant die mörderische Technik, die heute ein Choreograph verlangt.

Die Periode der frühen 60er Jahre markiert nicht nur den Beginn unserer Partnerschaft auf der Bühne, sie war auch der Beginn einer unvergeßlichen, unbeschreiblich schönen sechzehnjährigen Beziehung außerhalb des Theaters. Zu bestimmen, wo genau unser Theater- und wo unser Privatleben begann, ist für viele Leute sehr schwierig. Und am meisten für uns selbst. Es war eine Zeit großer Kreativität und persönlicher Entwicklung – und eine Zeit der großen Liebe. Wir tanzten zusammen, wir studierten Ballette gemeinsam ein, wir lebten ein unglaublich reiches und interessantes Leben miteinander und mit unserer Truppe, wenn wir auf Tournee um die ganze Welt gingen.

Obwohl eine Liebe wie diese, gewachsen durch Jahre gegenseitigen Teilens und Helfens, nicht einfach verschwinden kann, war es mir doch eines Tages bewußt geworden, daß ich wieder für mich sein wollte. Es war für beide Seiten eine qualvolle Zeit, aber glücklicherweise blieb keine Bitterkeit zurück. Gerade in dieser Zeit, als wir unser Leben neu ordneten, um andere Wege zu gehen, erkannte ich die wahre Tiefe von Marcias Großmut und ihre Charakterstärke.

So ist es uns gelungen, auch nach unserer Trennung eine gute Beziehung zueinander aufrecht zu erhalten. Sie betraf nicht nur unsere künstlerische Partnerschaft, es wuchs zwischen uns auch eine neue und vielleicht sogar tiefere Form von Freundschaft, eine Freundschaft, die alle Gegensätze überwinden kann und die Menschen in einer höheren Weise verbindet.«

Probesaal, Stuttgart, 1972
Marcia Haydée, Richard Cragun

Rehearsal Studio, Stuttgart 1972

Marcia fügt hinzu: »Wir mußten einfach auf die Bühne gehen und zusammen tanzen. Trotz der heftigen Schwierigkeiten, die wir privat miteinander hatten. Natürlich ist es unmöglich, auf der Bühne zu stehen und plötzlich alle Probleme zu vergessen, die man im Leben hat. Trotzdem, wenn sich der Vorhang hebt, mußt du Katharina und Petrucchio sein. Du mußt als Romeo und Julia deine Liebesszene spielen. – Man muß es lernen, sich nicht von seinen privaten Gefühlen überwältigen lassen, besser gesagt, man braucht jedes Gefühl, das man hat, um es in sein Spiel zu legen und die Qualität der Vorstellung zu heben.
Durch unsere Trennung lernten wir viel. Vielleicht waren wir schon ein bißchen ›mechanisch‹ geworden in unserem Zusammenspiel; deshalb war dieser Trennungsschock gut für unsere künstlerische Weiterentwicklung. Wir tanzen heute viel besser zusammen als jemals zuvor. Das kommt daher, daß das Verständnis, das wir füreinander haben, jetzt tiefer ist. Außerdem hätten wir damals gar nicht das Recht gehabt, etwas zu beenden, was wir gemeinsam dem Theater geben konnten.«

Zurückschauend auf seine Cranko-Jahre meint Richard Cragun: »Für einen Tänzer sind die wichtigsten Dinge seiner Karriere, einen Choreographen und einen Partner zu finden. Ich habe in Stuttgart das Glück gehabt, in Marcia meine ideale Partnerin zu finden und zur selben Zeit in John meinen Choreographen. Die Ballerina, der Choreograph und der Tänzer sind miteinander verstrickt. Man denke an Margot Fonteyn. Da war es Frederic Ashton, der zunächst für sie und Michel Somes, dann für sie und Nurejew Ballette konzipierte. Als unsere Partnerschaft begann, war Marcia Haydée älter und viel erfahrener. Ihre Erfahrung und ihre Energie kamen mir sehr zunutze. Die Elemente einer Bühnenpartnerschaft sind völlig verschieden von denen einer privaten Beziehung. In unserem Fall waren – vom Theater her gesehen – die Elemente von Anfang an vorhanden. Augenblicklich war eine Beziehung hergestellt.

Jedoch wären wir beide das, was wir heute sind, niemals ohne Cranko geworden. Ich bin aber sicher, daß auch Cranko seine Bedeutung ohne uns nicht gehabt hätte. Wir mögen von Choreographen geformt sein, aber laßt uns nicht vergessen, daß der Tänzer auch den Choreographen formt. Das ist bestimmt keine Einbildung. Manche Tänzer, z. B. Makarowa, Nurejew und Barishnikow, sind das Produkt einer Schule oder einer etablierten Truppe. Tänzer wie Marcia Haydée und ich, Jorge Donn und Lynn Seymour, auch Margot Fonteyn (mit Ashton) wurden von einem Choreographen geschaffen, und hier war die Beeinflussung auch umgekehrt.«

Obwohl Richard Cragun nach Meinung der Ballettomanen in aller Welt in einer schon historischen Partnerschaft mit Marcia Haydée verbunden ist, hat er von Zeit zu Zeit mit anderen Ballerinen getanzt – und natürlich hatte auch Marica Haydée berühmte Erste Tänzer zu Partnern. Erste Erfahrungen außerhalb seiner Kompanie, wie er Stuttgart nannte, machte Cragun mit Dame Margot Fonteyn. Sie hatte ihn eingeladen, mit ihr die beiden Ballette »Schwanensee« und »Dornröschen« zu tanzen.

»Ich war überwältigt von ihrer Aufrichtigkeit und Offenheit auf der Bühne gegenüber einem so jungen Partner, wie ich es war. Mit manchen Ballerinen ist das Verhältnis der gemeinsamen Vorstellungen von dem Stück, das man zusammen tanzt, 70 zu 30 oder manchmal 60 zu 40, mit Margot Fonteyn aber war es 50 zu 50. Ich lernte sehr viel von ihr, das Tanzen mit ihr gab mir ungeheures Selbstvertrauen. Bei allen Partnerschaften – ich tanzte mit Natalia Makarowa, Carla Fracci, Lynn Seymour, Gelsey Kirkland und vor allem mit Birgit Keil, mit der ich in meiner Stuttgarter Anfangszeit sehr oft zusammenarbeitete und die mir menschlich und künstlerisch gleichviel bedeutet – waren meine Erfahrungen jedesmal anderer Natur. In rein technischer Hinsicht, also in unserer Grundtechnik, müssen unsere Stile, unsere Interpretationen und das Timing wie Zahnräder einer Maschine ineinandergreifen. Dann aber kommt hinzu, daß man die Eigenheit seines Partners entdecken und sie in Beziehung zu seiner eigenen bringen muß. Ich brauche diese Gastspiele, weil ich die Auseinandersetzung mit anderen Tänzern und Produktionen sehr wichtig finde.

Auch das Alter, in dem man gerade ist, kann eine Partnerschaft stark beeinflussen. So änderte ich beispielsweise analog zu meinem Reifeprozeß meine Interpretation des Romeo. Ich lasse den Partner den Grad der Anstrengung bestimmen. Vor kurzem, in Brasilien, war die Tänzerin der Julia gegenüber meinem gereifteren Romeo sehr jung. Deshalb spielte ich ihn ganz anders als mit Marcia Haydée, denn sonst hätte ich mit dieser viel jüngeren Tänzerin nicht harmoniert. Mittels Technik und Gestaltung tanzte ich einen jüngeren Romeo. Doch durfte diese ›Jugendlichkeit‹ nicht so weit gehen, daß ich lächerlich wirkte; schließlich bin ich keine sechzehn mehr!

Mit Lynn Seymour war ich ein anderer Romeo als mit Birgit Keil, der wiederum verschieden war von dem, den ich mit Marcias Julia tanze. Ich mag keine Kopien früherer Vorstellungen, neue Partner halten die Interpretation frisch und spontan. Auch Marcia und ich versuchen zu vermeiden, daß unsere Interpretationen immer dieselben sind. Wir legen während der Proben zu einem Stück nicht alles ganz fest, arbeiten nur die Stellen mit hohen technischen Schwierigkeiten genau aus und erhalten uns damit die Freiheit, z. B. in Komödienrollen wie in ›Der Widerspenstigen Zähmung‹, mit kleinen Nuancen neuen Schwung und Lebendigkeit hineinzubringen.

Partnerschaften auf der Bühne bestehen nicht nur zwischen Ballerina und Tänzer. In manchen Balletten sind die männlichen Kollegen genauso wichtig. Egon Madsen kam zur selben Zeit zum Stuttgarter Ballett wie ich, und wir wuchsen im Theater wie Brüder zusammen auf. In Béjarts ›Lieder eines fahrenden Gesellen‹, ein tief emotionales Stück für zwei Männer, war meine Beziehung zu Egon so stark und bedeutungsvoll wie zu jeder Ballerina. Als er die Truppe verließ, war es für mich, als könnte ich dieses Ballett nicht mehr tanzen, und ich wollte es auch nicht, bevor ich nicht wieder einen Partner gefunden hätte, mit dem ich mich so gut verstehen würde wie mit Egon.«

Madsen und Cragun wurden oft mit Olivier und Gielgud verglichen. In »Romeo und Julia« wechselten sie häufig ihre Rollen, und zwar alternierend den Romeo und den Mercutio. Dieser Rollentausch erlaubte es ihnen, alle Möglichkeiten der Charaktere auszuschöpfen, die Akzente neu zu setzen, die Nuancen der Dramatik und des Humors immer wieder auszuprobieren. Vom Blickwinkel des Romeo-Parts bemerkt Cragun folgendes: »Wenn der Mercutio leicht ist, muß Romeo im Verhältnis dazu jung und ebenso leicht sein. Ist er aber reifer oder dramatischer, muß auch der Romeo in diese Richtung gehen.

Tempo und Spannung der verschiedenen Vorstellungen ist mit jedem Partner anders. Man reagiert dann nicht nur auf seine eigene spezifische Weise, sondern auch auf die des Partners. Ich passe mich leicht an und auch gern – denn wenn der Lohn des Spiels für den einzelnen die Selbsterfüllung auf der Bühne ist, dann sollte es eine Erfüllung sein, die alle anderen miteinschließt.«

Der Künstler auf der Bühne

»Ich nähere mich einer Rolle hauptsächlich von der technischen Seite her, und wenn ich dann wirklich auf der Bühne stehe, spielt es keine Rolle, was vorher bei den Proben oder in meinem privaten Leben emotional geschehen ist. Persönliche Gefühle sollten niemals eine Vorstellung beherrschen, obwohl sie eine Interpretation bereichern und für die Bühnenstimmung ausgenutzt werden können. Als ich noch sehr jung war, litt ich durch die Vorstellungen, heute zeige ich einfach meine eigenen Erfahrungen.

Man muß auch daran denken, daß für eine Vorstellung nicht nur der Künstler auf der Bühne wichtig ist, sondern auch das Publikum. Ich weiß und fühle es, daß der Zuschauer nicht nur mit offenen Augen da unten sitzt, sondern auch mit offenen Sinnen, seinen Gefühlen und mit seiner ganzen Empfindsamkeit. Ich versuche als Darsteller, eine direkte Linie zu ihm herzustellen, denn in vielen Fällen ist es ja darauf vorbereitet, Schwingungen und Bilder zu empfangen. Wie erreicht man ein Publikum? Manche Darsteller sagen, daß sie das Publikum an sich fesseln; manche sagen, sie versetzen sich hinein. Ich glaube, man erreicht ein Publikum nur während der sogenannten ›stillen‹ Momente. Ich weiß, für einen Tänzer klingt es seltsam, aber für mich ist eine Vorstellung eine Art Pendel, das hin und her schwingt. Und der Augenblick, wo das Pendel heraufschwingt und sich gerade anschickt, wieder hinab zu schwingen, dies ist der Moment absoluter Stille. Das Auf- und Abschwingen zeigt die Bewegungen in einer Handlung, ihr Vorwärtsschreiten, aber in diesem Moment der Ruhe liegt für mich die Entstehung des Atoms, des Universums, ja sogar des Kosmos. Aus diesem Moment wird alles geboren. In der Sprache des Theaters ist dies der magische Augenblick, wo die Aufmerksamkeit des Publikums aufs neue erregt wird und es sich – folgen wir der Pendeltheorie – in die nächste Schwingung, in die nächste Erfahrung tragen läßt. Aber in diesem Ruhepol sind Künstler und Zuschauer eins.

Diese Momente des Einhaltens sind von jedem großen Künstler jedes Zeitalters bewußt eingebaut worden. Es ist eine Technik, und zwar eine, bei der man herausfinden muß, was einen am beeindruckendsten aussehen läßt. Man steht auf der Bühne, und nun muß man versuchen, dieses Stillstehen mit Leben und Energie zu füllen. Ich kann mich gut erinnern, daß ich, als ich zum ersten Mal ›Opus 1‹ tanzte, von dem Gedanken, stillstehen zu müssen, sehr erschreckt war. Ich glaubte damals, ein Tänzer müsse sich immer bewegen. Heute erfüllt mich diese Passage der Ruhe mit Gelassenheit und Frieden, und ich hoffe, daß auch das Publikum dieses Einssein mit sich selbst nachvollziehen kann. Dieser Moment kann eine ungeheure Erfahrung sein.

Die Zuschauer fragen sich sicher oft, was die Darsteller während des Geschehens auf der Bühne denken. Dazu muß ich sagen: Die Annäherungsprozesse an eine Rolle sind so vielfältig wie die Individuen, die sie spielen. Manche leben den Charakter, den sie porträtieren, nach, während andere eine genau durchdachte Technik entwickeln, um in der Vorstellung das wiederzubeleben, was sie in den Proben ausgearbeitet haben. Manche sind noch berührt von dem, was ihnen vor der Vorstellung passiert ist, andere sind in der Lage, ihre Emotionen wie einen Wasserhahn auf- und abzudrehen. Ich persönlich funktioniere am besten, wenn ich glücklich und ausgeglichen bin. Manche Künstler arbeiten besser unter großem Druck, mit Aggressionen oder gar Hysterie. Meinen Vorstellungen schaden Erscheinungen wie Müdigkeit, Abgespanntheit oder Depression, obwohl sie oft unvermeidbar sind. Es ist, als ob ich immer zuerst durch Zustände von Chaos und Unsicherheit hindurch müßte, bevor ich mein Ziel erreichen kann. – Mein Tierkreiszeichen ist die Waage! – Früher erschreckte mich dieser Prozeß jedes Mal, doch heute anerkenne ich ihn als einen Bestandteil meines künstlerischen Ausdrucks.

Als William Forsythe seinen ›Orpheus‹ choreographierte, hatte ich mich in Gedanken schon von Marcia getrennt, ihr selbst aber noch nichts gesagt. Sie wußte nicht, was mit mir geschehen war, daß sich mein Leben sehr verändern würde. Im Ballett wie in der Mythologie verliert Orpheus Eurydike. Forsythe hatte den Stoff in unsere Tage übersetzt, so daß er nicht länger nur Mythos war. Er wußte es nicht, doch erzählte er mir damit meine eigene Geschichte. Als der wirkliche Bruch mit Marcia gekommen war, konnte ich eine Zeitlang den Orpheus nicht mehr tanzen. Heute jedoch kann ich in diese Rolle etwas von der echten Qual, die

Der Widerspenstigen
Zähmung mit Marcia Haydée

The Taming of the shrew

Orpheus verspürt, hineinbringen, denn bei den Proben zu diesem Stück habe ich dasselbe durchlebt.
Doch die Fähigkeit, Qual und Tragik oder tiefe Leidenschaft und Gefühle wirklichkeitsgetreu mitzuteilen, hängt nicht notwendigerweise von den Lebenserfahrungen ab. Schon in ihren frühesten Aufführungen brachte Marcia die tiefste Tragik auf die Bühne, z. B. in ›Onegin‹ und ›Romeo und Julia‹. Besonders ihre Sterbeszene in ›Romeo und Julia‹ war überzeugend gewesen und von allen bewundert worden. Schon ihre Augen hatten die Qual der Tragödie ausgedrückt. Manche Künstler sind mit dieser Begabung auf die Welt gekommen. Doch gibt es viele Methoden, mit denen ein Darsteller dramatische Kraft und Echtheit der Gefühle auf der Bühne ausdrücken kann.«

Nora Kay z. B., die große amerikanische dramatische Ballerina einer vergangenen Epoche, war über Nacht mit Anthony Tudors »Pillar of fire« zum Star geworden. Als sie gefragt wurde, ob sie in jeder Aufführung die Rolle der sexuell frustrierten, verstoßenen Hagar nachempfinde, war ihre Antwort ein entschiedenes Nein. Sie sagte damals, daß sie während der zwei Jahre dauernden Proben mit Tudor die Rolle in wirklicher Verzweiflung und unter emotionalem Streß geschaffen hätte, daß sie aber in den Aufführungen nur die Illusion der Todesverzweiflung, und zwar durch Theatertechnik, erzeuge.

Richard Cragun lernte in den Jahren seines Heranreifens, nur für den Augenblick auf der Bühne zu leben: »Wenn ich früher ein Ballett am Abend tanzen mußte, dachte ich den ganzen Tag darüber nach, ich las sogar Shakespeares ›Romeo und Julia‹ wieder. Wenn ich heute den Mercutio tanze, mache ich mir vor der Aufführung über diese Rolle überhaupt keine Gedanken, denn sein Charakter ist sehr impulsiv; ich gehe einfach auf die Bühne und ›lasse es platzen‹. Das hilft der Rolle zu wachsen. Ich habe in Crankos Mercutio-Choreographie keinen Schritt, keine Vorzeichnung verändert, aber Mercutio wird in jeder Vorstellung neu geboren.

Gefährlich wird es, wenn man dasselbe Ballett mehrere Male hintereinander tanzt; dann ist es möglich, daß die Gedanken während der Aufführung wandern. Und die Zuschauer, die eine Tänzerin in der vierzehnten Aufführung des ›Dornröschen‹ die Aurora in ihrer großen Zartheit tanzen sehen, würden nie auf die Idee kommen, daß sie vielleicht zu sich sagt: ›Lieber Gott, ich habe vergessen, die Schokoladentorte für die Party heute abend zu bestellen.‹ Ja, man hat schon Gefühle und Erlebnisse auf der Bühne. Doch die Disziplin einer soliden Technik hält einen davon ab, sie allzu stark an sich heran zu lassen.«

Wie viele Bühnentänzer, geht auch Cragun nach der Vorstellung zur Erholung in einen Club oder in eine Discothek. »Disco ist reines Vergnügen«, schwärmt er. »Man ist frei, kann improvisieren, wie man will, und Fehler spielen keine Rolle, weil man eigentlich gar keine Fehler machen kann. Man tanzt nur nach Gefühl. Auf der Bühne ist man sich immer der Technik bewußt, aber eigenartigerweise gibt es auch dort eine Freiheit. Durch die Rollen, die man tanzt, kann man gefühlsmäßig und auch körperlich sehr hemmungslos sein. Die Bühne erlaubt das und erwartete es sogar von einem, Bilder, Gefühle und Eindrücke von sich zu geben, wie man es sich außerhalb der Bühne nicht im Traum einfallen lassen würde. In gewisser Weise kann man sich zwar hinter seiner Rolle verstecken, aber anders betrachtet, ist man nie nackter und ehrlicher als auf der Bühne. So kann man sagen, der Darsteller enthüllt seine ganz geheime Biographie.«

Ein großer Tänzer zeigt in seiner Bühnenkunst nicht nur seinen ungemein disziplinierten Körper, seine Gefühle und seine Lebenserfahrung, sondern auch, besonders in reiferen Jahren, Aspekte seiner geistigen und seelischen Haltung.

Am schwersten zu fassen ist natürlich die Seele. Für Millionen von Menschen wird die Seele beherrscht, geführt und befreit von irgendeiner Form von Religion. Für viele Künstler ist die Hingabe an eine Religion sowohl Anker als auch Erleuchtung. Maler, Architekten, Komponisten haben Meisterwerke geschaffen zum Lobe des Göttlichen, sei es in christlicher, hinduistischer oder anderer Gestalt. In der heutigen Gesellschaft gibt es Künstler, die die Befriedigung ihrer seelischen Bedürfnisse entweder in einer zwar außerhalb der kirchlichen Religion gelegenen, aber aus verschiedenen Religionen zusammengewachsenen Synthese oder in ihrem eigenen metaphysischen Streben finden. Richard Cragun gehört der letzteren Gruppe an. Er sucht ganz eigene Wege. »Ich wuchs in der Kongregationskirche auf. Zu meiner Zeit war man der Meinung, daß alle Mitglieder einer Familie dieselbe Kirche zu besuchen hätten. Obwohl meine Mutter z. B. lange Zeit zur unitarischen Kirche tendiert hatte, paßte sie sich doch meinem Vater an. Meine Brüder und ich hatten eigentlich das Ganze niemals in Frage gestellt. Erst später, als ich von Zuhause weg war, kam mir dieses ungeschriebene Gesetz fragwürdig vor.

Als ich dann im Alter von 17 Jahren nach Stuttgart kam, war meine einzige Religion das Theater. Doch interessierte mich insbesondere auch das Gebiet der ›vergleichenden Religionswissenschaften‹, und ich verschlang Bücher über jede Art von Religion und Kultur, von Ost bis West. Mein geistiger Lebensraum war dreisprachig – drei Kulturen trafen bei mir zusammen: die amerikanische, die deutsche und durch Marcia und ihre außergewöhnliche Familie auch die brasilianische. Cranko pflegte immer zu sagen: ›Sei offen für alles!‹, und das war ich.«

Craguns Philosophie, seine Grundsätze als Mensch und als Künstler, ist für ihn die Wurzel aller Religionen, die die Sehnsüchte des Menschen stillen können, die den Glauben an die Zusammengehörigkeit aller Menschen beinhalten und den Geboten der Nächstenliebe folgen.

Onegin, Pas de deux
aus dem dritten Akt
(Third Act)
Marcia Haydée,
Richard Cragun

Onegin, Pas de deux
aus dem dritten Akt
(Third Act)

Als John Cranko plötzlich gestorben war, hatte der Choreograph Glen Tetley zu dessen Huldigung das Ballett »Voluntaries« (zu Poulencs Konzert in D-Dur für Orgel, Streicher und Pauken) geschrieben. Obwohl das Werk völlig abstrakt ist, war doch etwas darin, das Cragun sagen ließ: »Marcia und ich fanden in diesem Ballett großen Trost und Erhebung. Es war nicht nur eine Huldigung der Seele, sondern auch des Körpers! Die Idee war, daß ich und die anderen männlichen Tänzer das Jenseits darstellen sollten – wir waren, wenn man will, Engel. Marcia verkörperte die Seele eines Menschen, der, ganz plötzlich, ohne jegliche Vorwarnung, sterben mußte und seinen Tod noch nicht akzeptiert hat. Die Engel sollten diese Seele beruhigen, sie führen und durch den Fluß der Verwirrung ins Jenseits begleiten, zur Annahme ihres Schicksals. Alle meine religiösen Vorstellungen sind in den Balletten ›Voluntaries‹, ›Das Lied von der Erde‹ und ›Requiem‹ enthalten. Mein Weg ist nicht der der etablierten Religionen, denn zumeist sind sie verflochten mit wirtschaftlichen und politischen Interessen. Ein genauer Blick enthüllt, daß die meisten soziologische Wurzeln haben. Viele Dogmen der alten Religionen können heutzutage weggefegt werden, sie sind nicht mehr gültig. Aber die großartige Botschaft, so scheint mir, ist allen gemeinsam: Der Glaube daran, daß alle Menschen Brüder sind! Was darüber hinausgeht, dient zu manipulativen Zwecken.«

Vom Jüngling zum Mann – Künstler und Mensch

»Schon in meiner Jugendzeit tendierte ich zu einem nonkonformistischen Lebensstil. Bestimmt spürt jeder junge männliche Tänzer gewisse Vorurteile, und solange er nicht mit Stolz auf seine Leistung verweisen kann, fühlt er sich irgendwie als Fremdkörper in der Gesellschaft – und das nur, weil sein Interesse über Fußball hinausgeht.
Ich lernte sehr früh dieses Gefühl des Andersseins kennen. Das sind ganz natürliche Symptome, wenn der künstlerisch veranlagte Mensch sich von der Herde entfernt. Wenn man das einmal verstanden hat, wird das Anderssein zur Stärke, aber weil ich so jung war, wurde ich hin und her gerissen. Ich wollte in beiden Welten leben, wollte tanzen und von den anderen akzeptiert werden. Dieser Widerspruch ergriff Besitz von meinen Gedanken, meinen Träumen, Hoffnungen, von meiner ganzen Seele. Die Folge war, daß ich mich in ein inneres Gefängnis einmauerte. Die zwei Tendenzen waren unvereinbar: Einerseits wollte ich der gute Junge sein, der es allen recht macht, der an die Gesellschaft angepaßt ist, andererseits war ich ein abenteuersuchender, kühner, freigeistiger Mensch; einerseits sehnte ich mich danach, als letzterer erkannt zu werden, andererseits fürchtete ich mich davor, von der Gesellschaft, die die Spielregeln aufgestellt hat, zurückgewiesen zu werden.
Ich rang mich dazu durch, mich selbst zu offenbaren, frei zu werden – sei es seelisch, geistig, religiös oder körperlich –, meinen Intentionen zu folgen, und sei es auch im Gegensatz zu den Konventionen und Postulaten der Gesellschaft. Diese mögen nötig sein, um das Zusammenleben der Masse zu regeln, aber sie lassen wenig Raum für die Bedürfnisse eines Individuums.
In jenen ersten Jahren in Stuttgart war ich verwirrt und unschlüssig, welchen Weg ich gehen sollte. Ich war mir unklar über meine Gefühle und Wünsche. Meine innere Gequältheit hat John manchmal in seinen Balletten, die er für mich schuf, verwertet, genauso verwandte er auch meine Selbstentdeckungen, wie sie sich allmählich enthüllten. Meine innere Verzweiflung trug ganz wesentlich bei zu der Entwicklung meiner schöpferischen Kräfte. Wenn mich jemand fragt, ob es richtig war, diesen Weg zu gehen, den ich jetzt eingeschlagen habe, kann ich nur zur Antwort geben, daß dies nicht die Frage ist, denn zweifellos werden wieder neue Wandlungen kommen, neue Quellen der Kraft; nichts ist endgültig!
Für lange Zeit etikettierte ich meine Gefühle: gut, schlecht, richtig, falsch usw. Heute ist meine Betrachtungsweise eine andere: Ich wandle Ärger und Zorn um in schöpferische Energie, werde mir bewußt über meine Stärken und Schwächen, erlange Kraft durch Gelassenheit und mein Ziel durch Konzentration.«
Richard Cragun hat auf der Bühne die verschiedensten Rollen verkörpert, und seine Wandlungsfähigkeit wurde von der Weltpresse oft gerühmt. Er hat Publikum und Kritiker verblüfft durch seine überlegene Männlichkeit in Stücken wie »Onegin«, »Zähmung« und »Romeo und Julia« und vielen anderen. Ebenso oft hat er ihnen seine zarte und weiche, wie auch seine gequälte Seite gezeigt. Er hat uns auch in Seelen sehen lassen, deren Bande zerrissen waren.
Das Drama der persönlichen Dualität im Tanz wie die Doppelnatur des privaten Individuums haben in Cragun den Drang geweckt, mehr der androgynen Natur des Künstlers und Menschen nachzugeben. »Meine neuen Erfahrungen und Freiheiten haben mich dazu ermutigt, auf der Bühne sowohl meine masculinen wie auch meine femininen Seiten herauszustellen. Bis zu einem gewissen Grad tat ich dies schon immer, da es wesentlich ist für eine differenzierte Gestaltung oder eine tiefe Charakterisierung. Doch jetzt habe ich das Risiko auf mich genommen, diese Doppelnatur ganz direkt zu zeigen, und fühle mich frei genug, dies auch für mein Privatleben zuzugeben. Erst jetzt kann ich unbelastet arbeiten, und ich wage zu sagen: ›Kann ein großer Künstler überhaupt anders sein als androgyn?‹, und ich wage auch zu antworten: ›Nein!‹ Wir alle sind bis zu einem gewissen Grad androgyn. Denk an einen Soldaten, der seinen Sohn zärtlich in den Armen hält, denk an die Mutter, die leidenschaftlich ihre Kinder verteidigt. Doch der Künstler muß diese normalen androgynen Elemente noch viel mehr ausbauen. Seine Gestaltungen geben ihm die Möglichkeit, die starren Tabus zu durchbrechen, die unsere weibliche oder männliche Rolle im gesellschaftlichen Leben ganz genau festlegen wollen. Er kann in seinem Spiel das ganze Spektrum menschlicher Verhaltensweisen darstellen, von der negativsten bis zur positivsten Form.
Als ausgezeichnetes Beispiel für eine effektvolle Verarbeitung dieses Themas in einem Ballett kann man die Choreographie des Balletts ›Petruschka‹ von Maurice Béjart (Choreograph und Direktor des ›Ballet du XX siecle‹, Brüssel) anführen. In der traditionellen Fassung werden die drei Hauptrollen, die des zerbrechlichen Petruschka, die des aggressiven Mohren und die der weiblich koketten Ballerina, von drei verschiedenen Tänzern getanzt. In der Version Béjarts dagegen sind alle drei Rollen und ihre widersprüchlichen Charakteristika in einer einzigen Rolle festgelegt, und sie werden auch nur von einem einzigen Tänzer dargestellt.«

Seite 50
Legende, Letzter Pas de deux von John Cranko

Legende the last pas de deux from John Cranko

Seite 51
Dornröschen, Pas de deux aus dem zweiten Akt

Sleeping Beauty, Pas de deux from the second Act

Romeo und Julia mit
Marcia Haydée

Mut und nicht Wagemut, Ehrlichkeit und nicht selbstgerechtes Bekenntnis charakterisieren Richard Craguns nonkonformistischen Lebensstil. Hat dies seine Bühnenausstrahlung verändert? »Überhaupt nicht!« Cragun war und ist der virilste, forscheste und unverfroren männlichste unter den großen Premier-Danseurs der Welt, jedermanns Held.
Die Art, wie er als Petrucchio in »Der Widerspenstigen Zähmung« einherstolziert, zeigt seit jeher die überzeugendste Darstellung eines forschen Gockels. Die Glut seines Romeos ist das Höchstmaß aller Leidenschaften, die ein Mann für eine Frau empfinden kann. In den alten klassischen Balletten ist er nie der Geck oder der Dandy, sondern immer der Prinz, der mit einem Arm ein Mädchen umfaßt und mit dem anderen für König und Vaterland das Schwert führt.

»Jeder Aufbruch in die politische Freiheit wird von aller Welt bewundert, aber mein privater Aufbruch in die ganz persönlichen Freiheiten schien vielen fragwürdig. Schließlich bin auch ich ausgebrochen aus Zwängen, und zwar aus solchen, die ich mir zudem noch selbst geschaffen hatte. Ich finde, das Bedürfnis, falschen moralischen Grundsätzen zu entrinnen, ist nichts anderes, als aus einem politischen Unterdrückungssystem entfliehen zu wollen.
Die Folgen des Abbruchs meiner selbsterrichteten Gefängnismauern waren viel mehr als eine Sache der Konventionen. Zuerst mußte ich meine Seele auslüften; die Zweiseitigkeit und meine Selbstunterdrückung hatten Zorn und Selbsthaß hervorgerufen. Wollte ich meine innere Freiheit erreichen, mußte ich mir darüber bewußt werden, mußte den inneren Kampf für die positive Seite dieser Charakterentwicklung aufnehmen und zu mir selbst ›Ja!‹ sagen. So

Der Widerspenstigen
Zähmung

The Taming of the
Shrew

war es mir langsam möglich, die guten und schönen Qualitäten, die in mir stecken, wiederzuentdecken, die durch die tiefe Problematik und die Enttäuschungen momentan verschüttet worden waren.«

In der ganzen Welt hat Richard Cragun junge männliche Tänzer inspiriert und junge Menschen davon träumen lassen, Tänzer zu werden. Dies trifft besonders für die amerikanische Jugend zu, denn Cragun hat die weltläufige Meinung, daß männliche Tänzer aus Europa in Amerika Karriere machen würden, einfach umgedreht, indem er zeigte, daß auch ein Tänzer aus Amerika in Europa zu Weltruhm gelangen kann.
So schrieb 1969 der Kritiker John Percival von der Londoner »Times« über Craguns »Schwanensee« in London mit Dame Margot Fonteyn: »Seine Soli vereinen die besten Qualitäten unserer besten Männer, Nurejews Sprünge, Dowells Akuratesse und Walls Enthusiasmus; aber er übertrumpft sie alle mit seiner scheinbar mühelosen ›triple tours en l'air‹, die er in die Koda einbaute. Er sieht blendend aus, ist unaffektiert männlich, hat eine direkte, angenehme Art, spielt intelligent und partnert außergewöhnlich einfühlsam.« Und Clive Barnes bemerkte in seiner Kritik über »Der Widerspenstigen Zähmung« anläßlich ihrer New York-Premiere: »Ein hervorragender Tänzer. Er gehört in die Kategorie eines Nurejew oder Villella. Er tanzt wie der Wind, seine Sprünge sind gewaltig, seine Vitalität und rhythmische Kraft machen seinen Tanz außerordentlich eindrucksvoll, und mit seiner Technik kann er sich mit jedem großen Tänzer in der Welt messen.«
Craguns Erfolg ist nicht nur von Presse und Öffentlichkeit anerkannt worden, sondern auch von der Regierung. Kai-

Hinter der Bühne Kennedy Center Washington D.C. Cragun, Haydée, Stewart Kershaw, Mstislav Rostropowitsch, Galina Wischnewskaya und Töchter, Martin Feinstein, Direktor des Kennedy Center

China Tournée, Ausflug zu der chinesischen Mauer

China Tour, atop the Great Wall

Backstage Kennedy Center, Washington, D.C., Cragun, Haydée, Kershaw, Mstislav Rostropovitch, Galina Vishnevskya and daughters, Martin Feinstein Director, Kennedy Center

Seite 55
Begrüßung durch Elisabeth II., Königin von England, Haydée, Cragun und Sir Fredrick Ashton

Presentation to her Majesty Queen Elizabeth II by Sir Fredrick Ashton

ser-, Königs- und Herzogshöfe gibt es in Deutschland schon lange nicht mehr, aber der künstlerische Beitrag, mit dem Cragun das Stuttgarter Staatstheater zum Weltruhm führte und damit auch das Prestige des Landes Baden-Württemberg weiter stärkte, war so groß, daß ihm der alte, hochgeschätzte Titel eines Kammertänzers verliehen wurde.
Diese einzigartige Ehrung eines amerikanischen Künstlers betont noch einmal die Einmaligkeit Richard Craguns. Er ist ohnegleichen, wie es ja im Grunde jeder Künstler, tatsächlich jedes Individuum ist. Und diese Einmaligkeit kann und sollte von ehrgeizigen jungen Tänzern auf keinen Fall nachgeahmt werden. Denn jeder Mensch muß seinen Geist, seine Seele und seinen Körper selbst erforschen, um die Kräfte entfesseln und in schöpferische Kanäle leiten zu können, die ihn schließlich in einen Künstler verwandeln. Craguns Erfahrungen können jungen Tänzern von heute nur als Richtlinien dienen.
Der junge Cragun war nicht, wie es bei jungen Talenten in Europa üblich ist, als 7- oder 8jähriger nach einer Aufnahmeprüfung an einer staatlichen oder königlichen Ballettakademie aufgenommen und in den traditionellen Tanztechniken gedrillt worden. Über den Beginn seiner Laufbahn erzählt er selbst: »Es ist sicher von Vorteil, wenn man in einer einzigen Schule erzogen wird, man paßt dann in eine spezielle Kompanie, in ihren Stil und ihr Repertoire. In solch einer Situation weiß man genau, wo man herkommt, wo man steht und wo man hingeht. Ich dagegen hatte viele verschiedene Lehrer und deshalb ganz verschiedenartige Erfahrungen. Es gibt sicher Tänzer, die durch die Vielfalt ihrer Trainingsstile verwirrt und sogar in ihren Leistungen beeinträchtigt werden, doch für mich war dies von Vorteil. Vielfalt brauche ich sowohl im Training, bei den Aufführungen wie auch im Leben überhaupt. Hätte das gefehlt, wäre ich vielleicht viel selbstzufriedener geworden oder, was noch schlimmer ist, zu einer Art Standardmodell.
Nehmen wir z. B. mein frühes europäisches Training bei der Volkova in Kopenhagen. 20 Jahre später studierte ich kurz aber intensiv bei Stanley Williams in New York. Stanley hatte früher bei der Volkova studiert und dort natürlich den Stil des guten alten Dänen August Bournonville analy-

Probe mit John Cranko

Rehearsal with John Cranko

siert. In den letzten Jahren hatte Balanchine großen Einfluß auf Williams gehabt. Als ich im Frühjahr 82 wieder mit ihm arbeitete, lernte ich mehr über ihn, die Volkova, Bournonville und Balanchine als je zuvor.

Heute ist es der Wunsch eines jeden Tänzers, mit einem Choreographen eine eigene Kreation zu erarbeiten. Ich bin mir deshalb um so mehr meines Glückes bewußt, über 50 Rollen mit 21 Choreographen kreiert zu haben. Bei diesen Arbeiten merkte ich, wie mich die verschiedenen Trainingsmethoden seit meiner Kindheit in die Lage versetzten, den Choreographen ein Instrument, nämlich meinen Körper, in die Hand geben zu können, mit dem sie dann, ähnlich wie mit Ton, ihren eigenen innersten Empfindungen Form geben konnten. Ohne Zweifel ist diese schöpferische Situation, wenn Choreograph und Tänzer allein im Studio sind, eine der beglückendsten Erfahrungen unserer Kunst.«

Ich, Walter Terry, konnte Richard Cragun im Frühjahr 82 in Stuttgart beim Training beobachten. Ich sah seinen wunderbar gewachsenen Körper – schlank aber nicht mager – bei der Arbeit. Er arbeitet hart, aber immer mühelos. Seine Haltung ist die eines Prinzen, elegant und gebieterisch. Im »Port de Bras« und in der Beinarbeit durchbricht er gleichsam die Grenzen des Körperlichen. Wie ein Florett – nicht wie ein Schwert – stößt er mit seinem Körper in den Raum hinaus. Seine lyrischen Momente sind gestochen scharf gezeichnet, ohne daß sie ihre Weichheit verlören. Er hat sich immer total unter Kontrolle.

Cragun ist davon überzeugt, daß der Tanzschüler und der reife Tänzer, sofern es mit ihrer Natur vereinbar ist, so viele Techniken und Stile wie möglich erproben sollten. Darüber hinaus sollten sie sich auch mit allen möglichen anderen Künsten auseinandersetzen. An Staatstheatern erhalten die Studenten Unterricht in Drama, Malen, Mo-

Probe für Orpheus
mit Birgit Keil und William Forsythe

Rehearsal Orpheus

dellieren, Musik und Literatur. Leuten, die ähnlich wie er selbst anfangen, empfiehlt er die Methode der Autodidaktik. »Studiert alle Künste«, spornt er an, »Kunst ist der Spiegel des Lebens, endlos und zeitlos; sie kann das Leben genau erfassen, sei es eine Stimmung, ein bestimmter Stil, ein Lebensalter oder eine ganze Epoche. Das Theater kann uns tausend Jahre oder mehr zurückversetzen, aber die Theaterkunst kann uns auch zu unerwarteten neuen Gedanken und Phantasien führen. Für den Tänzer, für den Künstler überhaupt, ist es unerläßlich, von allem zu kosten! Ganz wichtig ist auch, die wechselseitige Beeinflussung von Kunst und Leben zu erkennen und sie für sich auszuwerten. Inspiration kann von erhabenen griechischen Ruinen wie auch von Kinofilmen oder vom Lesen ausgehen; wichtig ist nicht, was man sieht oder tut, sondern was man davon lernt. So kann ein Mensch, der nie ein Buch liest, Erfahrungen aus ganz anderen Quellen ziehen. Man würde ihn zwar nicht einen Intellektuellen nennen, müßte aber zugeben, daß er Bildung hat.«

Seinen letzten großen künstlerischen Lernprozeß hat Cragun während der Zusammenarbeit mit dem Choreographen Maurice Béjart durchgemacht: »Niemals hätte ich mir träumen lassen, daß ich mich, wenn auch noch nicht am Ende, so doch zu einem so späten Zeitpunkt meiner Karriere, noch einmal einer solchen Herausforderung stellen würde, wie es mir mit Béjart passiert ist. Die Arbeit mit ihm an unserer neuen ›Petruschka‹-Version kann ich nur mit dem vergleichen, was ein junger Samurai-Krieger fühlt, wenn er mit seinem Lehrmeister bei den letzten Lektionen angekommen ist. Ein anderer Vergleich wäre der Ringkampf mit einem Halbgott. Die Herausforderung, die von seiner Gegenwart ausging, überwältigte mich. Seine durchdringenden blauen Augen forderten mich mit jedem Blick auf, über meinen Schatten zu springen.

Seit John Cranko habe ich keinen anderen Menschen getroffen, der soviel aus mir herausgeholt und der mich so ermutigt hat, über mich und meine Grenzen hinauszuwachsen. Daß ich noch einmal diese Erfahrung machen durfte, war eine ganze Karriere voller Opfer und Schweiß wert. Während meiner Arbeit mit Béjart habe ich eine mir vollkommen neue Seite meines Selbst entdeckt und zugleich damit eine neue Befreiung als Künstler.«

Für die Tanznovizen hat Cragun diesen Rat: »Vermeidet ästhetischen Snobismus. Entertainment ist ein Wort, das ich aus Amerika mitgebracht habe, und das eine Vorstellung bezeichnet. Das soll nicht heißen, daß man dem Publikum nur ein kurzes Amusement bietet oder gar nur die Zeit ausfüllt. Der Darsteller hat gegenüber dem zahlenden Zuschauer eine Verpflichtung, und das ist im weitesten Sinne die Unterhaltung, das Entertainment. Die Tanzgrößen der Vergangenheit tanzten oft Vaudeville, haben damit aber in keinster Weise ihren künstlerischen Wert herabgesetzt. Wer über das Wort Entertainment die Nase rümpft, der ist um ein wichtiges Wort ärmer.

Auf diesen Seiten hat Richard Cragun von seinen Erfahrungen, seinen Entdeckungen, seinen Gedanken und seinem Glauben gesprochen. Von Tänzern aber erwarten wir, daß sie anstatt zu sprechen, tanzen. Cragun meint dazu selbst: »Ist nicht meine Existenz als Tänzer und Darsteller der Ausdruck meines ganzen Selbst? Gewiß ist das, was ich auf der Bühne zu geben versuche, das Endergebnis von allem, was sich in meinem Leben ereignet hat. Es ist die Summe meines Lebens.«

Doch diese Seiten erzählen nicht nur die Geschichte des Jungen, des Mannes, des Künstlers; diese Geschichte enthält auch unschätzbare Werte für die jungen Tänzer von Stuttgart bis Sacramento, denn hier können sie lernen, daß »jeder seinen Verstand benutzen muß, um sich über seine eigenen individuellen Bedürfnisse, über seinen Lebensstil, über seine Ziele klar zu werden. Jeder muß wissen, wie er als ›Botschafter der Künste‹ seine Pflicht erfüllen kann. Wenn ich eine Botschaft für die jungen Menschen habe, so wäre dies ›Erkenne dich selbst, setze alles aufs Spiel und lerne durch Erfahrung, die du selbst gemacht hast. Sei demütig, wenn Mißerfolge deine Schwächen sichtbar machen, aber sei stolz, wenn du mit deinem Glauben, deiner Standhaftigkeit und ehrlicher harter Arbeit vorankommst. An dem Tag, an dem wir sterben, werden wir wissen, was auf der anderen Seite liegt. Doch in dieses Leben lege alles hinein, was du hast – mit ganzem Herzen!‹«

Walter Terry

"That Dancing Boy"

"From the very beginning," says Richard Cragun, "was the desire to please. I found a certain gratification or selfesteem through moving, through what was the start of dancing, and watching the reaction of others. To be crass about it, I wanted to show off. And I did."

The impulse to move in this child of four or five years old went even deeper. Listening to music by himself, he could move to its rhythms and its invitations for hours on end, absorbed and happy and transported though alone. "Music must have come first," he recalls, "because music compelled me to move, not just any music but music that was both highly rhythmic and dramatic. Moving to it, I experienced fire and excitement. Even alone I was happy with moving but when Mom and Dad had friends over in the evenings and I was encouraged to do 'a turn', I was instantly caught up in the reaction that these people displayed to my 'turn'."

This is Richard Cragun, at thirty-seven principal dancer with the Stuttgart Ballet and an international star in the world of dance, looking back on his childhood in Sacramento, California, and analyzing his insatiable impulse to dance and his "desire to please" through rhythmic, dramatic movement.

Of the musical stimuli available to him around the house, the music of George Gershwin attracted him most. "It's almost schizophrenic," he says today. "Schizophrenic in the sense that it changes suddenly yet easily from being simply rhythmic to being very sensual. I guess that's why I liked it. Sensuality, or a response to it, entered my life very early. Looking back I can remember being sexually aware – not of the act itself, of course – of a duality in myself that was triggered by this combination of two ingredients, rhythmic and sensual, in the music."

The child's response to music was coupled with an instinct for staging, for costuming. "I was fascinated with any kind of material," he remembers. "It might be a blanket or a scarf. My mother, when she went to the square dances that were held in California in those days always wore huge, circular skirts. It was easy to change these into a sort of sheik-of-Araby look. So I had to have my costume too. The sound of music, the rhythm, the costuming, the sensuality all were part of my moving body. Today, of course, I know that the body is the dancer's instrument.

But early on, I was aware of eroticism. I think perhaps I was narcissistic from the very start – maybe I was born holding a fig leaf! Anyway, at a very young age, I was aware of using movements in a sensual way, not for any self-gratification but incorporated subconsciously into my desire to please."

Jeu de cartes

Escamillo, Carmen

Mit Birgit Keil als Carmen

Seite 62
Schwarzer Schwan Pas de deux, Dame Margot Fonteyn

Black Swan Pas de deux, Dame Margot Fonteyn

Mit Marcia Haydée als Carmen

Mit Birgit Keil als Carmen

Seite 63
Schwarzer Schwan Pas de deux, mit Birgit Keil

Black Swan Pas de deux with Birgit Keil

In the 1940's in small cities and towns across the United States, movies provided the only form of mass entertainment other than radio. Television was just coming in – not every family had a TV set – and although radio could provide opera, concert, drama and variety shows to a vast public, there was no way that it could introduce the public to dance. The movies took care of that. And little Ricky was taken to the movies by his father, an ardent Fred Astaire fan. At six years old, he reacted positively to Astaire's dancing but not unduly so. Boundless enthusiasm for cinema dancing came when Mr. Cragun took his son to see a Gene Kelly film. It was *An American in Paris* and the music was by ... George Gershwin! "I realize today – why I got so caught up in this movie," says Cragun. "At home, I had already been conditioned by the music and so it was natural that I should accept it in movie terms. Looking at the movie, it wasn't so much a matter of saying, 'That's what I want to be' – my ego was too strong for that! – as it was 'Why there I am!' On that screen I saw that area that was to be my world."

"I went home and instead of dancing barefoot as I always had, I put on my sandals and began to scuff up the floor! After I had seen Donald O'Connor, I added running up the wall to my tricks. I did this at home, of course, and broke everything in sight. It drove my family insane."

Tap dance classes were available on an after-school recreation dept. basis for elementary school pupils and Ricky instantly availed himself of these lessons. The only near-tragedy was that his parents would not buy for him the same kind of patent leather shoes that the other youngsters had. "It was very humiliating for me to go to tap classes in my sandals," he says, "because although my parents certainly could afford dancing shoes for me, they were not about to spend the money on expensive shoes if this dancing was just going to be a temporary interest. I had to prove myself to them and how important these classes were to me.

"For six months, I had to wear those embarrassing sandals to tap classes. It was then that my Mother said, 'You seem to be taking this seriously. Is this what you want to do?' And I replied, 'More than anything else.' So she said that in that case we'd go a step further and she enrolled me in my first professional dancing school."

For American boys who had the impulse to dance, ballet stars were rarely the models before the 1960's. Astaire was the ideal. So also was Kelly. Even those American lads who ultimately found their way into ballet, Astaire or Kelly movies provided a starting point. Most American fathers didn't want their sons to be ballet dancers. Hoofing, tapping was more respectable. This, in the 1940's, is the logical route for a Sacramento boy to follow. "At that time," Cragun remembers, "I was more influenced by Gene Kelly than by Astaire. I think maybe in my pre-teens I found Astaire too graceful, a quality I could appreciate much better when I was older. Gene Kelly had an athleticism, an up-frontness more in keeping with my own bombastic, crowd-pleasing personality. Today, of course, I see and savor the sensitivity that's in Astaire's dancing and how valuable it is to performing. But back then I was caught up with movies, musicals, big posters. They all said to me, 'Sell your number!' and that's what I tried to do."

Ricky, like those American boys who were mavericks enough to study dancing, was subject to teasing by his peers. That it was tap and not ballet helped his image. At ten years of age, he added ballet lessons and came to be known around his neighborhood as "that dancing boy." The sense of rejection he experienced from his schoolmates was sharply felt, but Ricky was so caught up in his tap and ballet classes that, "I didn't really give a damn what the other kids thought." And because he sensed early that the dance world was different from the usual world of the small city, he learned to play, "outwardly" an indifference to their kidding. Inwardly, though, the seeds of self analysing were planted. The difficult path of searching for self identity had begun.

Meanwhile his interest and participation in sports helped him retain his regular guy image. He attended game sports not because he had to but because he enjoyed it, and for himself, he went in for swimming, gymnastics, acrobatics and especially the broadjumps that were a part of field sports. These, then, were mainly individual effort sports where Ricky could work by himself. He reveled in the physicality of sports as he did in dance and the marvel of the human body was apparent to him as he worked on it, trained it and, as both athlete and dancer, took pleasure in displaying it.

Because his dance life was not shared by friends and neighbors his own age, he would have become a loner had it not been for his inclination to drift into the orbit of older people. As a small child he had performed for his elders, seeking to please them. Growing up, he quietly entered their level. "If I was not to bore them, I had to mature much faster than the average child," he says, "or keep my mouth shut, listen and learn. I entered this adult world quite easily by becoming a part of the theater, Oh, of course, it was a little theater and most of us were plain amateurs but I felt comfortable with these theater adults. Not rejected. A part of them through theater." Actually, theater in an even broader sense than dance alone became a vital part of Ricky's life. While still studying tap exclusively, he was invited to become a member of the Eaglet Players, a children's company composed of about thirty performers.

The acting, for Ricky, was integral and not peripheral to his dance life. The Eaglet plays for child audiences dealing with such characters as Peter Rabbit, the Steadfast Tin Soldier

Orpheus mit Birgit Keil

Orpheus

66

Orpheus

Seite 68
Lieder eines Fahrenden Gesellen, mit Egon Madsen

Song of the Wayfayer, with Egon Madsen

Seite 69
Romeo und Julia
Romeo and Juliet

Nach der Gala-Vorstellung, Covent Garden, London. After the Gala-Performance

Haydée, Cragun, Christine Vlassy, Attilio Labis, Erik Bruhn und Carla Fracci

and other familiar childhood figures. The most challenging part for Ricky was that of the Scarecrow in a Peter Rabbit play. Here was inaction but the will to escape; here was a limited environment and the desire to explore new horizons. At thirteen, Ricky was given his first public try at choreography. The director of the play wanted the Scarecrow to prove he could get away from a static position. "The important thing here," she told Ricky, "is to show that you don't have to stay in the field. I want you to move around the stage." Ricky's instant response, "Why don't I go out into the audience?"

Into the aisles he went, dancing a sort of child Ray Bolger. He talked too, ad-libbing dialogue with children in the audience. The desire to be creative within the confines of a role was born at that time. Years later, in Stuttgart, John Cranko, great choreographer to the world and good friend to his young discovery, Richard Cragun, found the little Scarecrow far from the aisles of a Sacramento theater but still waiting to be given free rein. Ultimately Cranko gave him that rein in such roles as Petrucchio in *The Taming of the Shrew* with a character that was robust and free and wonderfully outrageous within the framework of a specific character, within the formal disciplines of a ballet.

While exploring the potential of the Scarecrow role with the Eaglet Players, Ricky had another and more demanding role with yet another amateur group in Sacramento. For a Passion Play, he was cast as Christ, playing the scene of the boy Jesus in the temple confounding the elders with his

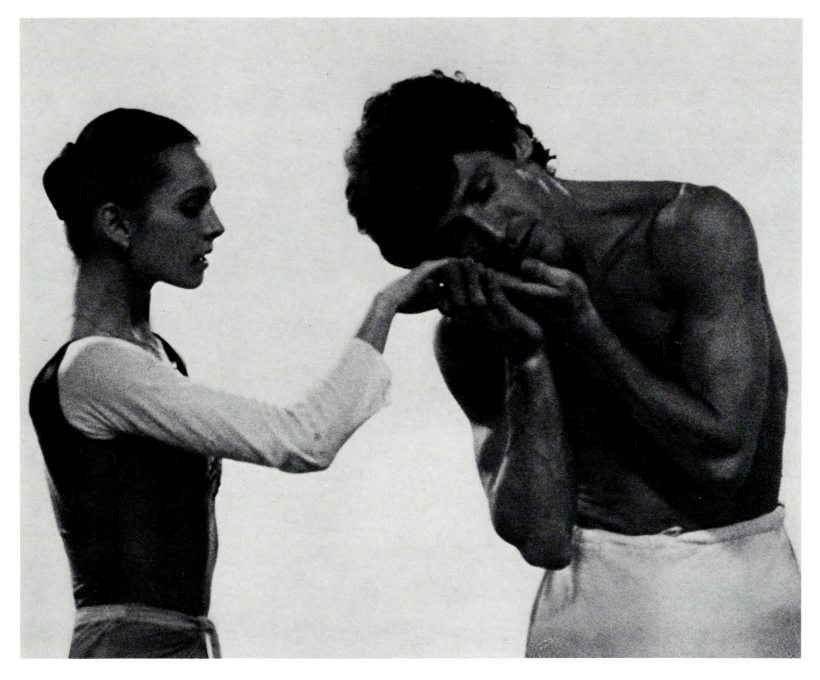

Probe (rehearsal), Romeo und Julia in Rio de Janeiro, mit Aurea Hammerli

knowledge. He was also required to learn the Lord's Prayer in Hebrew. "This Passion Play experience was important to me," says Cragun, "because it was the first time I had to be totally serious. It was the first time too I didn't think about trying to please alone with *my* personality. Indeed, in church surroundings where the play was presented, I knew it would be wrong to do so."
"Strangely enough, because of the 'seriousness' of what I was asked to do in the Passion Play, I became more 'serious' about my own dance studies or, rather, what I studied. I thought, therefore, that since ballet seemed to be more serious than tap that I ought to concentrate on my ballet studies. I was also told that the great days of the movie musicals of the 1930's and 1940's were over and that there would probably be no place for me in movies as a tap dancer. And if I wanted to get into new style musicals, with new style dances, such as *Seven Brides for Seven Brothers*, I'd have to be good at ballet, at acrobatics, maybe even at exhibition ballroom dancing just for auditions! So from twelve to sixteen, I learned and performed everything from a comic hula to Hawaiian war chants, from baton twirling (with fire brands no less) to dancing on roller skates, with acrobatics and ballroom thrown in for good measure. I was taking so many dance classes that my academic work suffered. This was embarrassing because both my parents had been teachers in the past and my father was then a librarian. My older brother, Robert, was a brilliant scholar. So I assumed the pressure of academic excellence were looking

down on me disapprovingly. I did school because it was expected, and while I never received failing grades, the marks simply weren't as good as they might have been."

But of all the serious areas of study, ballet came first. Ricky's first teacher was Barbra Briggs whom he had met in the cast of the, Steadfast Tin Soldier. Today, Cragun says: Barbra was the most influencial being, other than my parents, during my first fifteen years. She laid not only the ground work for my academic ballet training, but more important, instilled within her teachings an enthusiasm and love for the world of the theater which was in turn reflected throughout all her students. "In fact," he continues, "an unusual gift in my life has been the connection between my early and later directors. Adelaide Winters (Eaglet Theater Players), Barbra Briggs, and John Cranko, who led me to myself. All three knew how to help a young artist discover and develop his inner talents and to learn to express his feelings. These were the roots of my learning to care for others. Not only in time of need, but particularly in helping others to find their own answers and to develop their own profile. All this was accomplished during that magical period of creating and rehearsing a new production".

"That first creation was Cinderella, and I was ten years old." Barbra had at that time a small junior ballet of girls, called, The Camellia City Ballet, and she needed a prince. She asked Ricky if he would take some ballet lessons and join them. "I'll see," he said importantly. But he liked his ballet classes so much, they were his first, that he stayed on as the only boy in the studio. Ricky's presence in the school for the next six years was a help and eventually other boys joined and soon the ambitious children's ballet was touring in near by cities with such productions as, *Daphnis and Chloé* and *The judgement of Paris.*

With the concentration on ballet training, the avid attendance at all kinds of dance classes and the tumbling grades at school, Ricky's parents knew that their middle son was headed for a career outside their own world. It's obvious you are going to be in the performing arts," they said to him one day, "and we're entirely with you on this and proud of you." "The decision about choosing my career never had to be made. The gate was always open, the fields of adventure, like for my Scarecrow, lay ahead. There were never any family arguments about what I would do. The

only problems arose when I wanted to leave home for fields that were too far away."

Through Briggs's connections, Ricky, at fifteen, was offerred a summer scholarship in 1960 at the Banff School of Fine Arts in the Canadian Rockies. He hadn't the faintest idea what lay beyond Sacramento and, for the first time in his life, he boarded a Greyhound bus for a distant destination. At Banff, that summer, he came under the tutelage of English as well as Canadian ballet teachers, most of them representative of R.A.D. methods. There were, by his standards, elaborate stage productions at Banff in which he participated or which he attended. He danced in a Ballet Blanc for the first time. A work entitled, "Arabesque", which had been especially created for the Banff Touring Company by one of Canada's foremost pioneers of ballet, Gweneth Lloyd. It was clear that this was the direction he would pursue. The following year, it was simply confirmed when the Royal Ballet itself came to Sacramento and used the Briggs studio for classes and rehearsals. Ricky also supered with the company.

"It was then that I met Alexander Grant," Cragun recalls. "He played a significant role in my life. Why? Well, first of all, he played a fantastic character in *Ondine*. He came running on stage with a great flowing cape and that took me back to my childhood and the materials I danced with at home. I was more mesmerized by what Alexander Grant did in *Ondine* than with anything I had ever seen before. During the rehearsals, I talked to the Royal Dancers about ballet and studies and ballet life. I simply assumed that my next step would be to go to San Francisco, the nearest big city to Sacramento and one with ballet tradition and, I hoped, opportunities. But Mr. Grant said to me, 'Why don't you come to the Royal Ballet School in London and I replied, 'Why don't I?'"

"This seemed utterly unreasonable. I wasn't yet sixteen, I knew little about the Royal Ballet and, actually, not much about the ballet world but I had made up my mind to go. My parents were prepared for a move but not for one that drastic. They wanted me to finish school and although they recognized that fact that I needed more professional training than I had had and that I would probably leave home earlier than most boys, they felt that San Francisco, an hour and a half away, would be enough!"

The Craguns felt that San Francisco was near enough so

73

Voluntaries mit
Marcia Haydée

that if their son should need to be saved from "the perils of the world" (as he puts it), they could reach him promptly. Ricky, however, received unexpected support from his high school counselor who listened sympathetically when he told her he had to go to London right then and there and that if he waited to finish high school, two crucial years would be sacrificed. She told him that a high school diploma would do nothing for him in the job market – that a college degree was the minimum requirement – so if he were going into the ballet business, go now. In the end, the Craguns concurred on the London move provided Ricky would take correspondence courses and return to Sacramento at the close of one year of study abroad. "That Dancing Boy" from Sacramento left for London. He never returned ... to stay. A meteoric career in the competitive world of ballet had begun.

California, Farewell!

The American dream of all parents is to have their children, especially their sons, attend college. The Craguns wanted their three boys to have a college education. And they were willing to pay the attendant expenses. Proof of the solid support Ricky received in furthering his theatrical ambitions is manifested in the fact that Mr. Cragun was willing to pay his 16-year-old's travels abroad. He gave Ricky his "college money" for his trip to London, and ballet tuition. Rent, food and incidentals for the entire year came to $1,000 and this was left to Ricky to budget as he saw fit. "Difficult but not impossible," he says today. "It taught me responsibility. On the other hand, I was alone for the first time, in London I went wild! One side of me was cautious; the other side daring. My duality at work. I think this was

Voluntaries with
Marcia Haydée

the first time I faced the fact that I had two natures – my mother always knew it – and the confrontation with myself was starting. Side no. 1 was practical. Side no. 2 said hell, do anything you want. The duality is still present in me." At home, the other two brothers expressed no resentment at all. They thought it logical that "the performing kid" use college money for his London ballet education. The older brother Bob, who was to become a mathematician, and the younger brother, Larry, handicapped by severly restricted eyesight, were as supportive of their maverick brother as the rest of the family. There was no rift at all. But many years later, when Ricky returned as a star to visit Sacramento and was greeted with much publicity in the local press, he felt a barrier between himself and his brothers, not a resentment, but a difficulty in relating to a grown man who had become an international celebrity. "One day at dinner," he remembers, "I turned to them both and said 'Stop looking at me as if I were Greta Garbo. I'm your brother!' That broke the ice and we all laughed. For a while, they placed me outside their world, but in time we grew back close to each other."

His year in London brought him new friends and new colleagues and extensive training at the Royal Ballet School. During off school hours, additional classes and studies were taken to qualify and pass the three major Royal Academy examinations offered by this renowned institution, though not affiliated with the Royal Ballet School itself. The highpoint of the entire year, was the event of the annual school matinee performance held in the Royal Opera House itself where for the first time the prestious English choreographer, Kenneth MacMillan created for the graduating students a new ballet entitled, *Danse Pavanse*, in which the

Das Lied von der Erde
(Song of the Earth),
mit Marcia Haydée

Seite 78/79
Requiem

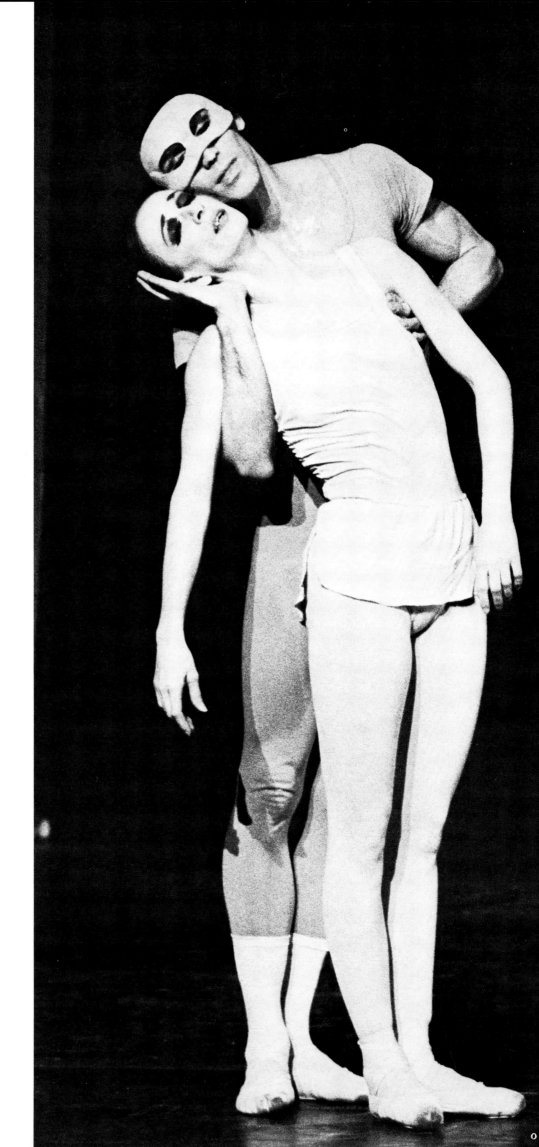

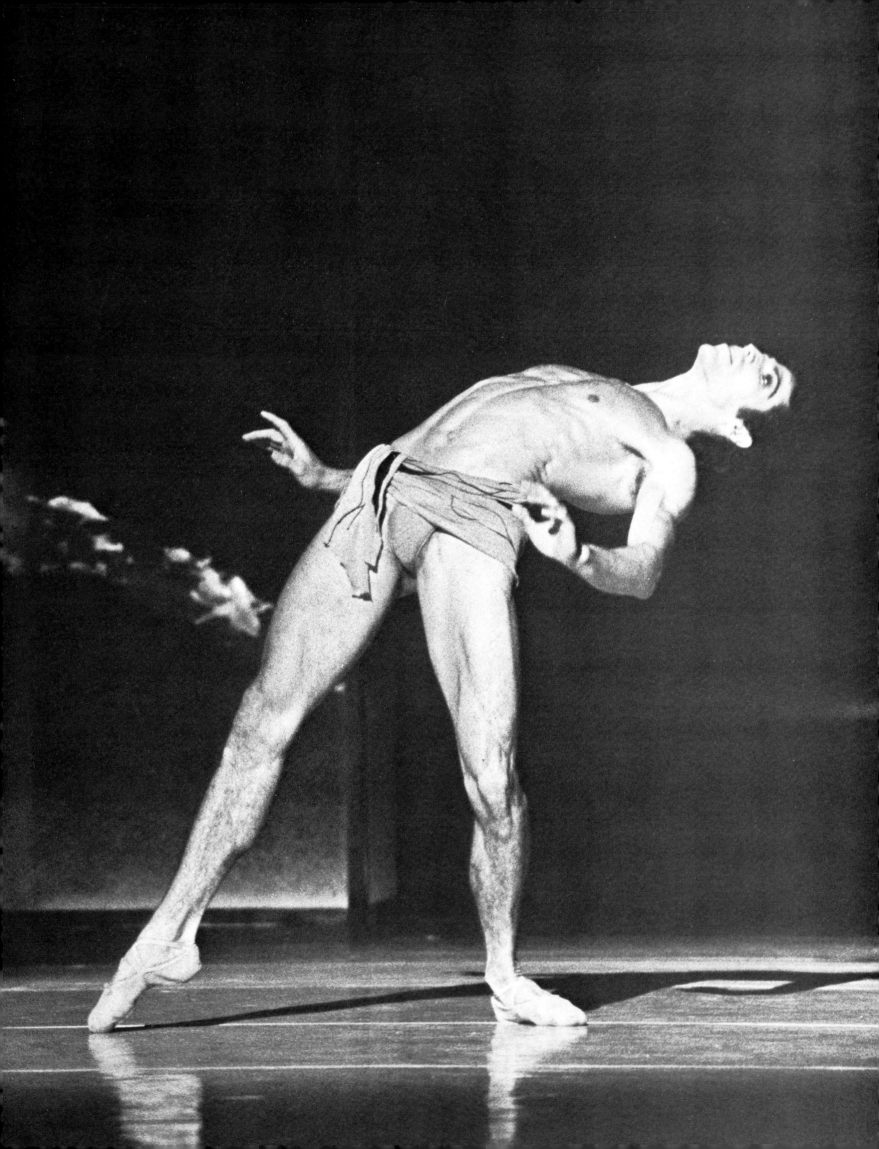

young Cragun was featured. This ballet was to be the beginning of many collaborations with MacMillan to follow in the years which lay ahead in Stuttgart where as a close friend and collegue to John Cranko, MacMillan would eventually create many of his important masterpieces as guest choreographer. Starting with his second year in Europe, he began daily private lessons in Copenhagen with one of the great ballet teachers of this century, Vera Volkova, trained in Russia, a favorite pupil of that brilliant and influential pedagogue, Agrippina Vaganova, and principal teacher of the Royal Danish Ballet. With Mme. Volkova, his classes ran close to 4 hours each day. These were augmented by long conversations. Her main goals were to give the promising seventeen-year-old boy polish in movement and stamina. "Her imageries were wonderful – 'you're holding a cloud ... feel its softness' – and she taught me that nothing was ever done or danced without meaning. I think back that then, I began to be truly *inquisitive* (to learn) and *acquisitive* (to take on what you can use)."

With time, Cragun found that he had not only grown as a dancer under the guidance of his teachers in London and of Volkova but also that he was beginning to mature as a person. He, was still, of course, very young. But his new found freedom, his opportunity to explore his environment made him start to question certain aspects of his protected California childhood and its' conventions. He says.

"I was the NICE boy. At first I was grateful for this approval, and to this day still maintain certain conventions I feel are important from that upbringing. But later I came to despise that very image which projected only that one side. Travel and new cultures offered exciting new realms for my rebellious, adventurous other nature to explore. At this point, all my old values and morals were reviewed and, more often than not, broken as my searching continued. In many ways this process made me more a loner within, or perhaps better said, I learned at an early age the meaning of aloneness as I played and hid between the two masks of my two worlds. At times, it was difficult, but soon I discovered, through my positive attitude which always seems to come to my rescue, that solitude and aloneness can also be beautiful and very necessary in life. Quite the opposite to our conditioning that solitude means lonliness and sadness."

"Perhaps owing to this inability to express my inner feelings during my youth, I developed later a determination and eventually an ability to relate to many people in different situations. It certainly was fundamental in forming my relationship with the Stuttgart Ballet. At the end of my second year in Europe, I still wasn't sure where I was going with my inner searchings, but of one thing I was certain, and that was that Stuttgart was my new home."

"I'll never forget the first time I met John. It was in the canteen of the State theater. In those years, John never had or wanted a bureau. His office was among his dancers around a greasy canteen table. I remember his eyes though. Incredibly blue penetrating and honest. With a broad grin which still managed to balance a cigerette, he said, 'Oh, hello, ... you must be Richard. Welcome to Stuttgart ... like a coffee?'. In an instant I was made to feel part of the family. This feeling never left me."

John Cranko assembled around himself every possible, and even improbable, example of diversity. He used talented 'Rejects' as they jokingly call themselves such as Marcia Haydée, Egon Madsen, both turned down by ballet companies and a young hoofer from Sacramento who had yet to prove anything.

It was the perfect move for Ricky. Cranko guided and directed, instructed and choreographer in terms of fanciful but pertinent images such as Volkova had used. Furthermore, in Stuttgart, in Anne Woolliams, the principal teacher, he had as his instructor a woman who had studied with Volkova and been powerfully influenced by her method and style of teaching.

Later, Alan Beale, soloist with the Royal Ballet London, joined Stuttgart's faculty strengthening futher Cranko's rostrum of classical orientated teachers, and providing Cragun with yet another link to that heritage. Cranko had assumed direction of Stuttgart Ballet and embarked upon a program of choreographic creativity and performance marvels that echoed the brilliance of the Jean-George Noverre era, a historymaking period in ballet, two centuries earlier. Although the South African-born Cranko had made a mark for himself as a choreographer with the Sadler's Wells Ballet (later Britain's Royal Ballet) and elsewhere, it was in Stuttgart that his genius was to flower for a too-short but incredibly productive twelve years before his untimely death in 1973.

For his initial year in Stuttgart, he engaged an unappreciated blackhaired Brazilian who had been dancing in the ranks of the Marquis de Cuevas Grand Ballet, and a young blond from the Tivoli Pantomime Theater in Copenhagen who had been overlooked by the Royal Danish Ballet. With these two the Stuttgart Ballet had a potential prima ballerina of international stature, Marcia Haydée, and a superb premier danseur, Egon Madsen. And for the Stuttgart Ballet, the following year, he produced his *Romeo and Juliet* to the Serge Prokofiev score (he had staged an earlier version for dancers from Italy's La Scala), a ballet that was to become the cornerstone of the Cranko repertory in the glorious Stuttgart Ballet decade that lay ahead. Richard Cragun about to become eighteen (he was born October 5, 1944) joined the company at that time. He was not the first Cranko "Romeo," but before long, the part would become his and he would be recognized as one of the most ardent, dashing, romantic, dramatic, sexy, tender, impetuous Romeos the world of ballet had ever seen.

Requiem mit Ingham,
Haydée, Madsen,
Anderson, Keil und
Cragun

Petruschka
(Petrushka)

Petruschka –
Die Ballerina

83

Petruschka –
Der Moor

Petruschka

Prinz Siegfried, erster
Akt Schwanensee

Prince Siegfried, first
Act Swan Lake

"Cranko, our Telephone-to-Life"

Haydée, Madsen und others of the new Stuttgart Ballet dancers flourished under Cranko's guidance as he befriended them, explored their natures, provided them with fine instructors (he himself seldom taught ballet class) and choreographed ballets and divertissements that would challenge them, focus on their unique strengths and, ultimately, turn them into stars of the theater. Of young Cragun, he said, "For me, it's enough to open the curtain and let Ricky stand there. I'm satisfied with that." But of course, Cranko went further by training him for a Romeo role and creating for him *Opus I* (1965), choreographing for him one of the four leading roles in *Initials R.B.M.E.* (1972), providing him with the swashbuckling plum of ballet repertory with the part of *Petruchio* in *The Taming of the Shrew* (1969) and key roles in at least a dozen other ballets such as *Brouillards* (1970) and *Poeme de l'Extase* (with Margot Fonteyn, 1970).

Oddly enough – or perhaps predictably – Ricky was just standing there when the curtain went up on *Initials R.B.M.E.* Cranko, in choreographing moments such as these, recognized not only the quality of a dancer but the nature of a human being. He recognized in young Cragun both an aloneness in his life and a duality, the yin and the yang, the positive and the negative, the exuberant and the sometimes near-suicidal sensibilities of a boy. Cranko once said to him when discussing motivations for a role, "No one has to tell you anything, Ricky, because you've suffered enough as yourself. You cause your own suffering."

Albrecht, erster Akt
Giselle

Albrecht, first Act
Giselle

As for Cragun himself, he says, "Even when the subject is life, I am aware of death. Even suicide comes into my philosophy. Oh, no, I'm not really suicidal but I am very aware of the element of suicide before it reaches its death level. I'm ever aware of the super-dramatic purple approach to suicide. It fascinates me and taunts me and hovers over me as part of my duality. My own frustrations, fears and insecurities force me to march down hill and I think to myself, 'How far does one go in this selfdestructiveness?' but then I march right back up the hill again to laughter and joy and fulfillment. My moods in themselves are of interest to no one except, possibly, my friends. But I talk about them now because they can be used positively, because, as a performer I can draw on these experiences. John saw this in me long before I did."

"When John worked on *Opus I* – I was in my early twenties then – he told me that it was about the birth of a man, an encounter with a woman and the process of dying. More than this he would not say. So I evolved my own special images. Early in the ballet, the male crawls through the legs of women. It seemed, in choreographic imagery, as if the boy were hidden with a form that suggested the shape of a huge flower. So I began to think of myself as an insect lying on a flower when the female emerges and mating takes place. The dying process was simply the death of an insect. When I dance this ballet, I literally feel a part of the insect world. To the press and public, it is universal man but to me it is death and the insect. John always encourage us to add our own viewpoints."

But permitting personal feelings to take over the dancer

Verleihung der Verdienstmedaille durch Lothar Späth, Ministerpräsident von Baden-Württemberg, anläßlich der Ernennung zum Kammertänzer.

Kammertänzer, Cragun receiving citation of merit from Mr. Lothar Späth, Governor of Baden-Württemberg.

while on stage can prove disastrous, and Cragun is the first to uphold performance disciplines, both technical and emotional, but he believes strongly that offstage experiences constantly broaden, deepen and enrich stage performances. "With Opus I, The Taming of the Shrew and Traces," says Cragun, "Cranko was showing me myself, *all* sides of me, the negatives and the positives. I'll love John forever for this. He was not only a great creator of ballets, but he was also a liberator of the human beneath the dancer.

"The 'R.' in R.B.M.E. was me, but at one performance – it was in Moscow – I let the 'me' take over. I lost my nerves and with it, my emotional control, and I gave a poor performance I learned so much from it that it influenced (for the better) subsequent performances and it helped me in my own life. My back, I recall was to the audience, I was alone on stage and I started to cry. Marcia, Egon and Birgit (Keil), the other 'initials' as they approached me from the wings, as they were supposed to do, grabbed me and looked at me. I don't know what had happened to me at that moment; somehow, I felt broken. I needed someone desperately. I shall never forget the look in their eyes. And Egon murmured, 'Come on, Rick, it's okay.' It calmed me right away. And after that, in later performances, I knew as I had never known before what it meant when these three people came from the wings and held out their hands to me. In that instant, I learned, or at least sensed, that what the outside world wants and what people needed is to be held. And that in the theater, audiences want to experience the same thing – they want to be moved, touched and, yes, held by the performers."

Albrecht, zweiter Akt
Giselle

Albrecht, second Act
Giselle

Cranko, described by Cragun as "our telephone to life," gave kinetic voice and expression to each in a different way, to Haydée, Keil and Madsen as well as to Rick. His perception of their unplumbed potentials, when they first came to him, was remarkable. So certain was he of their talents, he was able to transform Marcia into one of the great dramatic ballerinas of this era, a dancing actress skilled in the exposition of towering tragedy and raucous comedy, of sweet vulnerability and iron will. He knew that beyond Madsen's Danish wit, so perfect for a fop in *The Taming of the Shrew* or for the ebullient, devil-may-care Mercutio in *Romeo and Juliet*, that he also had a very tender, poetic Romeo and, for his settings of ballet classics, a Prince. In Birgit, he found the first major German ballerina to emerge since World War II. Thus, Cragun was by no means alone in that short but dazzling period that catapulted the Stuttgart Ballet to international fame and made its very special stars, bearing the initials R.B.M.E., as important to the world of dance as those nurtured in Leningrad or Paris, London or New York.

"I always felt John's ballets were 'his' way of communicating with his dancers, which the audience later watching, performances, were able to share... John reached out to his family, which were his dancers, his company, and through his ballets expressed his love, his hopes, doubts, frustrations and dreams, and at the same time said, 'Here, live your dreams and rest your problems within my ballets.' John was never more personal or accurate in describing himself, or describing his dancers as he was through his works. His feelings came straight forward out of the characters of his ballets. Invariably they had a universal appeal and, because of their humanitarian quality, which was, in essence John's own strongest quality, their message went directly to the heart of the observer, leaping over all international barriers."

"Cranko had a strong ego which perhaps kept us from becoming absorbed in our own egos. This caring for his dancers, which in turn developed our concern for others, resulted in the love atmosphere which was said to be pouring out of Stuttgart. I leave the evaluating of this to others, but I know the atmosphere which existed here made it possible for one human being to reach out to another and know he would find a response. Hopefully, this will explain how the Stuttgart way of life became my belief and philosophy. In a strong sense, it is that which is to be found in all religion, the root word, love or caring, which was to become our formula for uniting 21 nationalities throughout these twenty years. Our work here in Stuttgart became a spontaneous desire for this root word, or better, for the significance of that word, guided by a person, John, whose entire life was a pursuit of it, and also a giving of it."

Would Richard Cragun have achieved the heights of artistry and of fame that he has attained if there had been no Cranko in his life? Of this he says, "I would have been a performer anyhow and I would not have been mediocre, but without John it could not possibly have been the same. In New York City there are thousands of dancers; in Stuttgart there were fifty-five of us working with a genius, a genius who created human beings as well as dancers. In a very real sense, I am his creation."

"When John died, he had five ballets in mind. One of them was to be the entire Ring of the Niebelungen spread over several evenings. Another was to be *Othello* and it would have been for me. If he had lived, he would have found new dancers to build into stars and for whom he would have created great ballets. He would have clothed the "initials" in wonderful roles as long as we wanted do dance. John's *thereness* was always present. He left a void which until this day feel. But for myself, he left me a career that I would not have had, in the same degree, without him. For Cragun, the performer, he led me to stage center. For Ricky, the human being, he guided me towards myself."

Ballerinas, Especially Marcia

When Cranko engaged seventeen-year-old Ricky, it was sight-unseen. The new director of the Stuttgart Ballet needed more male dancers of high caliber and promise. He turned for advice to the Royal Ballet School in London and was told that a Richard Cragun, recent winner of the Adeline Genée Scholarship who was using his award money for studies with Volkova in Copenhagen, was the one he should engage. Cranko accepted the enthusiastic recommendation and invited Cragun to Stuttgart. A formal audition, correct but with a foregone conclusion, resulted in a contract for the young American. But not even the prescient Cranko was aware at that moment that he was to preside over the making of one of the great ballet partnerships of the twentieth century.

Marcia Haydée remembers clearly the first time she ever danced a major role with Cragun. "Ray Barra had injured his achilles tendon and we had a *Romeo and Juliet* scheduled – Cranko had staged the ballet for Ray and me – and John felt that only Ricky had the technique to replace Ray. It was a startling performance. We both fell down. Ricky was so nervous that all sorts of things went wrong. Our timing wasn't synchronized. And at the end of the performance, he was destroyed! Today, dancing with him I have no worries. It is as if we breathe together. I don't think I'd be what I am today if it hadn't been for John and Ricky."

"Ricky helped me develop both my human side, as a woman, and my dancing too. In roles I found difficult, he was patient and helpful. The only way I really helped him was to tell him he had to be himself, to approach a role in his own way. We are quite different in this. I rely on instinct. Ricky is analytical. These are two totally different methods. But, you see, we both arrived at the same result. I see the end to be reached and go straight to it. He sees both sides of everything, so it was he who gave me a sense of equilibrium. We were, and are, so different we fit!"

Says Cragun, "The intensity with which Marcia works in her own career is a guide for any dancer. She worked hard to reach the peak she has achieved and she works to this day not at 100 percent of capacity but at 130 percent of her inexhaustible energy. As a performer, her dramatic skills are phenomenal but she can also handle brilliantly the gruelling technical demands of today choreograph."

"This period, the early 60's, marked not only the beginning of our partnership on stage, but also the beginning of an unforgetable and indescribably beautiful sixteen year relationship off stage as well. Exactly where our theater and private lives began and left off was difficult for many, certainly for us, to determine. It was a time of great creativity and personal development, and a time of great love. We danced together, created ballets together, and lived and incredibly full life with and for our company as it toured around the globe.

Though a love like this, built through years of sharing and supporting, can not, simply disappear, still, one day I realized that I needed to be on my own. It was an agonizing period for both sides, but fortunately a bitterness did not enter. Perhaps at this point I saw the true depth of Marcia's

Trainingssaal,
Stuttgart 1982

During Training,
Stuttgart 1982

Probe (rehearsal) zu Twilight mit Marcia Haydée und Hans van Manen

generosity and strength of character, as we sorted out the new paths our lives would take. Surely she is as remarkable a woman off stage as she is on. Perhaps, too, because of the closeness we were able to maintain throughout our separation, not only was our artistic partnership retained, but also between us a new and even more rewarding kind of friendship grew. The kind of friendship that transcends all separations and unites human beings in a higher form."

And Haydée adds, "We had to go on stage and dance together in spite of the intensely difficult emotional stresses we were experiencing in our personal live. It is impossible to be on stage and suddenly forget all the problems facing you in life. But you know the minute the curtain goes up you must be Katherine and Petrucchio, you must do your loves scenes as Romeo and Juliet. You are not just a machine. But you are disciplined so you never let your private emotions take over but, rather, you use every emotion at your disposal for the good of the performance.

"We learned a lot through this separation offstage. Before, perhaps, there was even a danger of becoming automatic in our performances. The shock was good for both our private and stage lives. I don't think everybody could have gone through what we did and made it. But today, we dance better together than ever before. This is because the understanding we have for each other is much deeper. We did not have the right to end what, together, we could give to the theater."

Looking back on the Cranko years Cragun says, "For the dancer, the two most important things in a career are to find a choreographer and to find a partner. I found my ideal

Probe (rehearsal) zu
Le Sacre du Printemps
mit Glen Tetley

partner in Marcia, my choreographer in John". Thus, three are involved: the ballerina, the choreographer, the partner. Think of Margot Fonteyn. It was Frederick Ashton who created for Margot and Michael Somes and then for Margot and Nureyev. When our partnership started Marcia was older and more experienced. I gained from her experience and energy. The chemistry for a stage partnership is distinctly different from that in a private relationship. The chemistry for us, theatrically, was present from the beginning. The rapport was instant."

"The two of us, however, wouldn't have become what we are without Cranko. But I believe just as firmly that Cranko would not have been what he became without us. A choreographer may have made us but let us not forget that dancers make the choreographer. This is not a matter of conceit in any way. Some dancers are the product of a school or of an established repertory – Makarova, Nureyev, Baryshnikov, for example – they were not built by a choreographer but by a school. The *way* they fit into that repertory is what made them what they are today. Dancers like Marcia or myself Jorge Donn, or Lynn Seymour or even Margot (with Ashton) were created by choreographers but those choreographers were also created by us." Although Cragun, in the minds of balletomanes around the world, is linked with Haydée in an already historic partnership, he das danced from time to time with other ballerinas just as she has been partnered by other celebrated premier danseurs. One of Cragun's first experiences outside of "home base," as he referred to his Stuttgart center of activities, was with Dame Margot. She had invited him to

Der Tänzer als Cartoonist

. . . Romeo und Julia, erstes Treffen vor dem Ball

Probe zu Petruschka
mit Maurice Béjart

dance with her in both *Swan Lake* and *The Sleeping Beauty*. "Artistically, I was overwhelmed by her honesty and directness on stage towards so young a partner as myself.

With some ballerinas it's a 70–30 arrangement, or possibly a 60–40, but with Margot it was 50–50 all the way in this matter of a ballerina's needs and desires. I learned a great deal from her and dancing with her gave me tremendous confidence."

Dancing with Birgit Keil, with whom Cragun has often been paired throughout his Stuttgart career or later with Natalia Markarova, Carla Fracci, Lynn Seymour, Gelsey Kirkland, and other ballerinas provided him with totally different experiences. "Relationships on and off stage," he says, "must be flexible. In strictly technical matters, our basic techniques, styles, interpretations, and timings must mesh like a machine. But in other ways you must discover the 'self' in your new partner as it relates to the 'self' in you. I need these guest appearances because I need exposure to other dancers, other productions.

"Age levels also affect partnering. As I mature, my interpretation of Romeo, for example, changes. I'm aware of the possibility of stretching interpretations of Romeo. Because of that, I let the partner I'm working with determine the degree of stretch. Recently, in Brazil, the Juliet was very young, so the more mature Romeo I play opposite Marcia would not have been right with this younger dancer. So through technique and interpretation I played a younger Romeo than I usually do. But the 'youngness' could not be to the degree that I looked ridiculous. After all, I'm not sixteen! With Lynn, my Romeo was different than with Birgit which in turn is different than my Romeo to Marcia's Juliet. I don't want carbon copies of past performances, and new partners keep interpretations fresh and

Rehearsal Petrushka with Béjart and Piotre Nardelli

spontaneous. Also, Marcia and I try to avoid letting roles get set. We try not to over-rehearse and just go over difficult technical bits and in a comedy like *The Taming of the Shrew*, we have tried out new 'business' within the disciplines of the choreography in order to keep interpretations new and lively."

Partnership on stage does not apply exclusively to the ballerina and the danseur. Male colleagues, in certain ballets, are equally important. "Egon Madsen and I entered the Stuttgart Ballet at about the same time," says Cragun, "and we grew up together in the theater like brothers. In Béjart's *Song of the Wayfarer*, which is a deeply emotional duet for two men, the rapport with Egon was as strong and as meaningful as any ballerina I ever danced with. When he left the company recently, I found I couldn't dance this ballet and I won't until I find someone I can communicate with as I did with Egon."

Cragun and Madsen, at one time compared to Olivier and Gielgud, respectively, frequently shifted roles in *Romeo and Juliet*, alternating as Romeo and Mercutio, a change that led to fascinating alterations in coloring a role, in matters of accent, in drama, in humor. Cragun, speaking for Romeo, notes that "if the Mercutio is light, Romeo must also be young and light in his relationship, but a more mature or dramatic Mercutio allows a heavier approach by the dancer doing Romeo.

"The *heat*, the temperature of performance varies with each partner, with your ballerina of the evening or your colleague in a ballet. You react, then, not to your own set ways, but to that of your partner. I adapt easily and I want to because if the reward of the theater for the individual is the fulfillment of the 'self' on stage, it must be a fullfillment that encompasses all of us on that stage."

The Artist on Stage

"My approach to performing is chiefly on the technical level when I'm actually on stage no matter what has gone on before, emotionally, in creating the role or in my personal life. Personal feelings should never dominate a performance although they can *feed* an interpretation or be channeled into the creation of a stage mood. When I was very young, I used to suffer through my performances; now I draw on my own experiences."

"But it is wise to remember than an audience is as important to a performance as is the artist on stage. I know, and feel, that audiences are out there not only with open eyes but also with open minds and hearts and emotions and even raw nerve-endings. I try, as a performer, to make a line directly to their points of contact because they are prepared in many instances, to accept vibrations as well as images.

"How do you reach an audience? Some performers say that they *project*. Others say that they *draw* an audience to them. I find you reach an audience during moments of stillness. I know that seems odd for a dancer but I think of my performance as something like a pendulum. There is an instant between the end of the downward swing and before the upward swing begins that represents a moment of utter stillness. The downsweep and the upsweep of the pendulum may represent the excitement of action but for me, it is that moment of stillness where the atom and the universe, even the cosmos itself originate. It is the still point from which everything comes. In terms of theater, that magical moment seems to remove distractions from the audience's view and causes that audience then – if we continue the pendulum theory – to move from the still point on to the next swing, to the next experience. At this moment, audience and artist become as one."

"I realize that we in dance are dealing with movement. But moments of stillness have been used by great artists in every area throughout the ages. It is a technique and an important one. If you apply it to dance, you must find the technique that makes it powerful and effective. Standing there on the stage, I try to *energize* in-action. I can remember when I first danced *Opus I* I was appalled at the thought of standing still. At twenty-one, I believed that dancers *had* to move. Today, when I dance that standing still passage, that still point, I feel tranquility, a peace flooding out of my body and I hope the audience feels that solitude with themselves. In a moment of inaction, then, there can be total experience."

Audiences often wonder what performers think about while on stage. Approaches are as varied as the individuals themselves. Some live the characters they are portraying while others use calculated technique to re-create what they have developed in rehearsals. Some are affected by what has happened to them before they go on stage while others are able to turn emotions on and off like a spigot. Says Cragun, "I do my best work when I am in a state of equilibrium. Some artists function best under great stress, aggression, or near hysteria. Fatigue, tension, and depression only injure my performances, although they are often unavoidable. It's as if my birth-sign, Libra, instinctively knows it must pass through these exaggerated states of chaos to find it's balance. The process used to frighten me. Now I accept it as a very necessary part of my private and artistic make-up."

"When William Forsythe choreographed his *Orpheus* I had in my own mind already separated from Marcia. I had not yet talked to her about what was happening to me. I knew a great change had come into my life. In the ballet, as in the myth, Orpheus loses Eurydice. Forsythe had done his ballet in modern day terms. It was no longer a myth. He did not know it, but he was telling my story."

"When the actual agonizing break came with Marcia, I couldn't do *Orpheus* for a time. Today, however, I can bring to it something of the genuine anguish that I was experiencing during the creation of the ballet."

"But the ability to communicate anguish or tragedy or any deep passion or feeling does not necessarily come from life experience. In her earliest performance Marcia already brought profound tragedy to the stage in *Romeo and Juliet* and in *Onegin*. Her death scene in *Romeo*, acclaimed everywhere, was brilliant. Her eyes here were haunted with tragedy. Some artist are born with this capacity. She's a superb actress. So then, there are many methods by which the performer can achieve dramatic force and emotional truth on stage."

Nora Kaye, the great American dramatic ballerina of an earlier era, was asked if, when dancing Antony Tudor's *Pillar of Fire*, in which she had won stardom overnight, she lived the role of the sexually frustrated, rejected Hagar at every performance. Her answer was a resounding "No!" She said at the time that in two years of rehearsals with Tudor, she *created* the role in agony and with deep emotional stress but that in performance what she did, through theater technique, was to *re-create* the illusion of agony. Cragun says that as he has matured over the years, he has learned "to live for the moment on stage". Naturally a great deal of analysis goes into a portrayal during the rehearsal period before, but during the performance, my technical goal as an actor is, "not to think," but to react to the situation at hand and to the people envolved. Years ago, I'd think all day about a ballet I was to dance that evening. I'd even re-read Shakespeare's Romeo and Juliet. Now, if I'm dancing Mercutio, I don't think about it at all before the performance time, because I regard Mercutio's character as impulsive and reactionary. I just go on stage and let it rip. This helps the part to grow. No steps or patterns to Cranko's choreography are ever changed, but Mercutio must be born anew, each performance."

"The danger comes if you do the same ballet many times consecutively. It is even possible that your mind might wander during performance and the audience, watching

Requiem, Ensemble

you handle Aurora tenderly in the fourteenth performance of *The Sleeping Beauty*, would never guess that you were saying to yourself, 'Merde, I forgot to order the chocolate cake for the party tonight.' Yes, you do indeed have feelings on stage and experiences and you communicate them, but the discipline of a solid technique is always present." Like many stage dancers, Cragun enjoys post-theater dancing at a club or disco for recreation. "Disco is pure fun," he says, "because you're free to improvise, do as you please and mistakes don't matter because, really, you can't make mistakes. You dance as you feel. On stage, one is always conscious of technique, but curiously enough, there is a freedom here too. Through the roles you dance, you can be uninhibited emotionally, certainly physically and erotically in all kinds of behaviour and you can do this because the stage permits you, even expects you to give impressions, images and expressions that you wouldn't dream of doing offstage. In a way, you hide yourself behind the protective dress of the part you're playing. But if you look at it another way, you are never more honest, never more naked than when on stage. So for the performer, it can be his secret autobiography."

The great dancer gives not only his continuously disciplined body, his emotions and his life experiences to his stage art but also, especially in maturing years, aspects of mind and spirit. The most elusive is, of course, the spirit. For millions of people, the spirit is disciplined, guided or liberated by some form of religion. For many artists, devoutness within the framework of an established religion is both anchor and inspiration. Painters, architects and composers have wrought masterpieces for Christian or Hindu or other celebrant. But in today's societies, there are those artists who find spiritual needs best fulfilled outside organized religions or in a synthesis of those religions or in their own metaphysical searchings. Richard Cragun belongs to the latter group who seek their own pathways.

"I had had a Congregational Church upbringing," says Cragun. "We were of that era that believed that all members of the same family should attend the same church. Although my mother leaned toward the Unitarian Church, she conformed. My brothers and I did not question the fact that we were expected to worship alike. Later, away from home, this procedure aroused my curiosity, my questioning. By the time I reached Stuttgart at seventeen, the 'theater' was my only religion. The study of comparative religions still fascinated me, however, and I devoured books on every sect and cult from East to West. I also found myself drifting intellectually and tri-lingually among three cultures, American, German, and through Marcia and her extraordinary family, Brazilian. Cranko used to say 'Open your mind', I did."

But those roots of religions which feed the aspiration of the spirit, which nourish the belief in the oneness of humankind and which foster hope and love and care for one's fellows are an intristic part of Cragun's philosophy as both performer and being. Glen Tetley, the choreographer, created Voluntaries (to the music of Francis Poulenc's Concerto in D Minor for organ, string and tympani) as a tribute to Cranko following his sudden death. Although an abstract work, there was something in it to cause Cragun to say, "Marcia and I found this ballet offered a personally uplifting experience, not just a spiritual tribute. Our image was that I and the other men in the ballet represented the "other side," angels if you like. Marcia's figure was of a soul who had died in a state of shock and had not yet accepted death. The angels were there as guides who would calm the soul and lead her across the river of confusion to the other side and to a state of acceptancy."

"Today, all my religious attitudes come together in ballets that I dance such as Voluntaries, Song of the Earth, and Requiem. But I can not follow the route of the organized religions, particularly when they play along with purely economic and political movements. If you look carefully at most religions, you can trace them back to their sociological origins. So many of these laws formulated by old religions can be swept away today as no longer valid. But there is one mighty message, it seems to me, that shines through them all and that is the belief in the Brotherhood of Man. The rest is mainly manipulative."

From Boy to Man – Artist

"My instinctive need, my awareness for a non-conformist lifestyle was discovered in my youth. Virtually every young male dancer becomes aware of certain prejudices the day he chooses to start ballet. And until he can point with pride to his accomplishments the choice of tendu over football invariably makes him feel different. Soon I would appreciate, even be grateful for this feeling. It is the natural transition the artist-to-be child experiences as he moves away from the herd. Once understood, it becomes a strength. But because of my youth, a collision was inevitable. I wanted to be a part of two worlds, Dance and Acceptancy. This head-on collision took place within me, in my

Tréde Variationen, Stuttgart 1963

mind, in my thoughts, my dreams and hopes, and as a result, I formed my own stone wall prison of duality: The good boy image to please and keep in line with society, and the adventurous, daring, free-spirited Ricky, longing to be recognized underneath, but afraid of rejection by that society which formed the rules."

"Surely the important struggle for me has been the need to express myself totally, freely, and in all directions whether physical, mental, emotional or spiritual vrs. the organized, conforming mandates and conventions of society. These conventions are needed to cope with economic and mass population, but are unable to allow space for the needs of the individual, certainly the artist."

"There was confusion in my mind in those first years in Stuttgart about which way to turn. I was confused too about my own feelings and urges. The torment inside me is what John utilized in some of the dancing he created for me. He also made use of my self-discoveries as they emerged.

House of Birds, mit Ana Cardus

My inner frustration indeed have contributed to whatever creativity I have. The question may be whether or not I have lost something by making the decision to live *my* way. Obviously there will be a change. But there will be new resources too."
"For so long, I had labeled my feelings, good, bad, evil, correct, right, wrong, etc., etc. – Now I prefer expressions like: transforming anger into creative energy, awareness of strengths and weaknesses, strength through serenity, or achieving through a centering process."
Richard Cragun has played a wide variety of roles on stage and his versatility has long been recognized by the world press. He has dazzled public and critics alike by the supreme masculinity of his portrayals in *Onegin*, *The Taming of the Shrew* and *Romeo and Juliet* among many, but he has also revealed to them a tender, gentle side, a tormented side, a duality and he has even shown us souls who would escape their bonds. The drama of personal duality in dance as well as the dual nature of the individual have stirred in Cragun a curiosity about the androgynous nature of the artist and, indeed, of man himself. "My new experiences and freedoms have encouraged me to release on stage both my masculine and feminine sensibilities."
"I've always used them to some degree because they are both essential to a sensitive performance or a deep characterization. I took the risk of showing these dualities on stage and today I feel free at last to take the risk of disclosing them in real life. But now I can work unhampered. I dare say, "Can a great artist be anything but androgynous?" 'And I dare to answer, No!' All of us are androgynous to some extent. Think of the warrior father holding his son tenderly in his arms. The mother fircely protecting her offspring. But the artist must make greater use for these normal androgynous qualities. Through performances he has the opportunity to set aside the rigid taboos which govern our attitudes in real life regarding masculine and

feminine images. As the performers roles change, he conveys and feels the full range of human emotions and actions in their most receptive, to their most aggressive forms."

"An excellent example as to how effectively this theme is employed within a ballet is to cite Maurice Bejart's (Choreographer and Director of Le Ballet du XX siecle, Bruxelles) production of the famous ballet, Petrushka. Where in the original production, the three main roles of the fragil Petrushka, the aggressive Moor, and the femininely coquettish Ballerina are of course played by three different dancers. In the Bejart version all three roles and their corresponding characteristics are consolidated into one single role and performed by the principal dancer."

Courage rather than daring, honesty rather than righteous confession characterized Cragun's realization and admission of his espousal of a non-conformist personal lifestyle preference. Did his image suddenly change on stage? Not at all. Cragun in terms of stage image has been and remains the most virile, dashing, unabashedly masculine of the world's great premiers danseurs; everyone's hero.

His very strut as Petrucchio in *The Taming of the Shrew* was, and remains, the supreme cock-of-the-walk characterization in ballet. The ardor of his Romeo is an elixir of all the passions a man ever felt for a woman. And in the old-time ballet classics, he is never the dude or dandy but, rather, the Prince ready to woo a maiden with one arm and fight for king and country with sword in his free hand.

"The burst to political freedom by male-defectors from Russia seems admirable to the world. But my private burst to freedom would seem questionable to many. Yet I too defected but from a prison of my own making. The need to escape. The need to escape from a false moral dictum is no different from the need to escape an oppressive political system."

"The result of this breaking down of my self-imposed prison wall was much more than an issue of standard conventions. First I had to air out the soul. Pressure, pushing down, duality of intentions had caused an anger, even self--hate to develop, and before a freedom could be reached, I had first to recognize this, accept the inner struggle for the positive realm of character development it represented, and then also to rediscover the beautiful traits and qualities, also present in me, but which, through anger and frustration, had become momentarily overlooked."

Richard Cragun has been an inspiration to young male dancers everywhere, to boys who dream of becoming dancers. For American youths this is especially true, for Cragun *reversed* the accepted dictum that most major male dancers come from Europe to star in American ballet troupes, by himself becoming the first major American danseur to rise from anonymity to world fame within a European ballet company.

Reviewing Cragun's *Swan Lake* at Covent Garden in 1969, partnering Dame Margot Fonteyn, John Percival of The London *Times* said,

"His solos combine the best qualities of all our best men (Nureyev's elevation, Dowell's accuracy, and Wall's zest) but he trumps them all with the apparently effortless *triple tour en l'air* he introduced into the *coda*... He is good-looking, unaffectedly manly, has a pleasant direct manner, acts intelligently, and partners excellently."

And Clive Barnes, reviewing Cragun in the New York premiere of *The Taming of the Shrew* said,

"A superb dancer, (he) is a man in the category of Rudolf Nureyev or Edward Villella... He dances like the wind. He possesses tremendous elevation, there is a cumulative pulse and rhythmic beat to his dancing that is enormously impressive, and his general technical accomplishment is as high as any in this world."

Cragun's success outside his homeland has not only been recognized by press and public but also on official government levels. Imperial, royal and ducal courts have long since disappeared in Germany, but such has been the artistic services provided by Cragun in Württemberg to the Stuttgart Ballet on its rise to world renown that the ancient and highly honored title of *Kammertänzer* (Court Dancer) has been given to him.

This unique honor for an American artist represents only one part of the uniqueness of Richard Cragun. For he is unique just as all artists, and indeed all individuals, are unique. This uniqueness cannot and should not be copied by aspiring young dancers, for each must plumb his own uniqueness of mind, body and spirit to release and channel the forces that may ultimately transform him into an artist. But if Cragun should not be copied, his experiences can serve as important guidelines to young men dancers of today.

Unlike his European counterparts, young Ricky was not auditioned and accepted into a royal or state ballet academy at seven or eight years old and given a "schooling" in a tradition. "There is," he says, an advantage in being trained in a single school, for it fits you for a specific company, its style and its repertory. In such a situation you know where you've been, where you are and where you're going. I had many different teachers and a variety of experiences. There are, I know, some dancers who become confused and are harmed by diversity of training but I have found diversity to be an advantage. I thrive on diversity in training, in performing and in life itself. Lack of diversity could have made me complacent or, worse, a carbon copy of a stock figure.

"For example, my early European training with Volkova in Denmark. Twenty years later, in New York, I studied briefly but intensively with Stanley Williams. Stanley had been trained in the past by Volkova and, of course, in the styles of Denmark's old August Bournonville. In recent

Namouna mit Birgit Keil

Mein Bruder, meine Schwestern: Lucia Isenring, Birgit Keil, Cragun, Jean Allenby, Sylviane Bayard und Hilde Koch

years, he has been powerfully influenced by Balanchine. So by studying with him in the spring of 1982, I learned more about Stanley, about Volkova, about Bournonville and about Balanchine than I ever had before."

"Besides, in today's ballet repertories, there is a tremendous overlap of styles and choreographic approaches. It's not just a matter of modern dance choreographers making a modern ballet for a classical company. It's that modern dance pieces now go into ballet repertories and so too does jazz. My tap dance training as a child introduced me to rhythms of all kinds and rhythm is essential to the dancer. Tap dancing, acrobatics, exhibition ballroom any kind of vaudeville dancing gives you valuable flexibility."

"In a day and age, when to create a role with a choreographer is the dream of any dancer, I appreciate just how fortunate I have been to have had over fifty such experiences. Through this challenging process, I have seen how my diverse training from the earliest years have also found expression within many of those characterizations, as the choreographer shaped this instrument like clay, to give form to his innermost feelings. Without doubt, this moment of creativity between the choreographer and the dancer, together in the ballet studio, is one of the most joyous and rewarding experiences our art can give.

Watching him in class in Stuttgart, in the fall of 1982, I saw how Richard Cragun reveals his flawless dancer's body in motion. It is beautifully contoured, lean but not scrawny. His work is hard, but never laborious. His comportment is

My Brother, my Sisters with Birgit Keil

that of a prince – elegant but commanding. In *port de bras* and leg extensions, he reaches beyond body terminals; the thrusts of body movement into space are those of a rapier, not a broadsword; the lyric travels are cleanly etched while retaining softness; his agility is totally controlled.

Cragun believes that the dance student and the maturing dancer should experience, if compatible to his nature, as many dance styles and techniques as possible but also expose himself to diversity in the arts and life in general. At state theaters, students of ballet receive instruction in drama, painting, sculpture, music, literature. For those with a background such as Cragun's, he recommends the self-instruction method for every dance hopeful.

"Study *all* arts," he urges. "Art is a mirror of life, endless and timeless. It can capture life in a mood, a mode, an era, an epoch. The theater itself can take us back through time a thousand years and more but the art of theater can also take us ahead to unexpected thoughts and fantasies."

It is imperative for the dancer, for the artist, to feed on everything. Cranko was an observer of all aspects of arts as they affect life just as he made use of the way life can affect the arts. Inspiration can come from the great ruins of Greece or... from the movies! Reading also. But it's not what you read but what you learn that matters. A person could go through life not reading a book and yet be an avid collector of information from other sources. He might not be considered an intellectual but he would be educated."

Cragun's latest growth-experience as an artist has been

Pillar of Fire, American Ballet Theater, Metropolitan Opera House, New York, mit Marcia Haydée

Fancy Free, American Ballet Theater, State Theater, New York

107

Hamlet mit Egon
Madsen und Reid Anderson

with choreographer Maurice Bejart, about whom he says, "I never dreamed it would be possible, if not at the end, then during the latter part of my career, to meet the challenges offered by such a man as Maurice Bejart. I can only compare working with him on our new production of *Petrushka* with that of a young samurai warrior executing his last lessons with his revered teacher-master, or, if you wish, wrestling with a benevolent demi-god. The pure demands of his presence, with his mysterious blue eyes that challenge me with every look to leap beyond my own shadow, are staggering.

Not since John have I met a man who has pulled so much out of me or encouraged me to extend myself beyond what I thought were my own limits as I have with Maurice. That I should be granted this experience alone, was worth an entire career full of sacrifices and sweat. Through working with Bejart, I have discovered an entirely new side of myself, and with it, a new liberation as an artist.

Cragun, in analyzing the advantages of diverse dance training for the student and the necessity of total-arts exposure and continuing education for the dance-artist, reminds the novice that aesthetic snobbery is to be avoided. "*Entertainment* is a word I bring from my American background to describe a performance. It is not just a matter of creating passing amusement or filling up time for an audience. The performer has an obligation to a paying audience and that, in its broad sense, is entertainment. The dance greats of the past frequently danced in vaudeville. They did not lower

Hamlet, Marcia Haydée und Marianne Kruuse

their artistic standards in any way. The person who snubs the word *entertainment* is poorer by one word."

In the pages of this book Richard Cragun has spoken of his experiences, his discoveries, his thoughts, his beliefs. But dancers are expected to move rather than to speak. He himself says, "Is not my existence as a dancer and a performer the expression of my whole self? Certainly, what I try to give on stage is the end result of all that has gone on before, the result of my whole life." Yet the tale of the boy, the man, the artist not only explains to dancers and audiences of today and tomorrow how these results came to pass but also the story itself can offer invaluable guidelines to young dancers from Stuttgart to Sacramento who need to learn that "each must use his own intelligence to determine his own individual needs, his life style, his goals and the way in which he will perform his duties as A MESSENGER FOR THE ARTS."

Richard Cragun concludes "If I have a message for young people, it would be 'know thyself.' Risk all you have and learn through experiences. Be humble when failures disclose your weaknesses, but be proud when your path has been forged with belief, perserverence and honest hard work. The day we die we'll know what lies on the other side. As for his life, put everything you have into it with all your heart."

Walter Terry

König Claudius und
Königin Gertrud,
Hamlet

King Claudius and
Queen Gertrude

Seite 112
Ted Shawns' Pierrot
in der Toten Stadt,
in the dead city
Jacobs Pillow
USA 1982

Seite 113
Barton Mumaw's,
Fetisch, Fetish,
Jacob's Pillow, U.S.A.
1982

Kameliendame

The Lady of Camelias

Haydée: Marguerite
Keil: Manon
Cragun: Des Grieux

Armand,
Kameliendame

Biographische Notizen

Als ich Richard Cragun zum ersten Mal begegne, es ist der August 1962, ist er gerade von John Cranko als Gruppentänzer für das Stuttgarter Ballett engagiert worden. Im September 62 tanzt er seine erste Stuttgarter Vorstellung, und zwar in der »Dornröschen«-Version von Nicholas Beriozoff, die inzwischen von Cranko überarbeitet und ergänzt wurde. Zunächst ist Cragun noch einer der Corps de Ballett-Tänzer, doch wenig später schon wird er den 1. Prinz im Rosenadagio tanzen.

Cragun arbeitet in Stuttgart zum ersten Mal ganz direkt mit Cranko – indirekt lernte er dessen Arbeitsweise schon in seiner Londoner Zeit kennen, als das Royal Ballet London Crankos »Antigone« in Covent Garden zur Aufführung brachte und er als Statist mitarbeitete. Cranko läßt ihn gleich im ersten Jahr den Pas de deux des Brautführers in »Romeo und Julia« tanzen. (Dieser Pas de deux wurde später in der endgültigen Fassung von »Romeo und Julia« herausgenommen.) Die Zusammenarbeit wird fortgesetzt mit Crankos »L'Estro Armonico« und »Die Jahreszeiten« (Musik von Alexander Glasunow). Cragun tanzt in der ersten Fassung den Sommer und kann dabei sei fahrungen sammeln, wobei die negativen überwiegen, da manche Passage weder zu Crankos noch zu seiner eigenen Zufriedenheit gelingen will. Doch aus diesen Negativerfahrungen lernt er in erfreulicher Weise. Übrigens bringt ihm dieses Ballett die erste Partnerschaft mit Marcia Haydée. In seiner Entwicklung ist dies ein besonders wichtiger Schritt. Zuerst werden ihm kleinere, dann allmählich immer größere Rollen übertragen, und zwar in fast allen Produktionen. Täglich erlebt er Crankos intensiven Arbeitsstil. Dieser hat die Fähigkeiten, die in Cragun schlummern, längst erkannt. Er wird ihn im Laufe der nächsten Jahre immer stärker fördern und fordern und ihn zu einer Tänzerpersönlichkeit von einmaligem Rang heranbilden. Das hervorstechende Talent Crankos ist es, schon in den ersten Stunden eine Begabung in einer Truppe herauszufinden, diese dann wachsen zu lassen und ihr den richtigen Weg zu ihrer eigenen Entwicklung zu zeigen, wobei er bis an die Grenzen des Machbaren und Erträglichen geht. Cragun wiederum spürt instinktiv, daß er einem Genie gegenübersteht und weiß dies auch für sich zu nutzen. Er läßt sich total von Cranko leiten und macht als Tänzer und Künstler eine Entwicklung durch, die parallel läuft zu seinem persönlichen, charakterlichen Reifeprozeß.

Nicht minder wesentlich in Craguns Entwicklung ist die Partnerschaft mit Marcia Haydée. Ihre leidenschaftliche, intensive Art zu tanzen und ihre hinreißende Darstellungskunst fordern ihn, je länger er mit ihr zusammenarbeitet, zu einem Höchstmaß seiner Leistung heraus. Was er bei ihr und gemeinsam mit ihr erarbeitet, unter Crankos Führung, macht später letztlich sein großes Können aus.

Wir wollen uns hier eine Auflistung der nun für ihn folgenden Ballette ersparen und diese später in einem chronologischen Werkverzeichnis hintansetzen. Fahren wir fort mit dem für Richard Cragun so entscheidenden Jahr 1965: Cranko sieht ihn für mehrere Solo-Partien vor; nach kurzer Zeit wird er Erster Solist neben Egon Madsen.

Das für Cragun vielleicht wesentlichste Ballett, das Cranko für ihn und Birgit Keil choreographiert, ist »Opus 1« (Musik von Anton Webern). Mit diesem Ballett, das in kurzer aber um so eindringlicher Form vom Werden und Vergehen des Menschen erzählt, werden diese beiden Tänzer die Welt auf sich aufmerksam machen. Auch scheint der Inhalt des Balletts auf Craguns Charakter sehr positiv zu wirken und ihn menschlich reifer zu machen.

Hinzu kommt, daß in diesem Jahr Ray Barra, bisher Crankos Erster Tänzer, durch einen Unfall (Achillessehnenriß) seine Tänzerkarriere jäh beenden muß. Plötzlich steht Cragun vor der Aufgabe, alle Rollen zu übernehmen, die bisher Ray Barra getanzt hat: In »Romeo und Julia«, »Schwanensee«, »Das Lied von der Erde«, »Las Hermanas«, »Feuervogel« und schließlich in »Onegin«. Wir erleben in dieser Zeit zwar einen hervorragenden Tänzer, in der Gestaltung der Rollen ist Cragun jedoch noch unsicher.

Man darf nicht vergessen, daß es zu jener Zeit nicht üblich ist, einem Tänzer von nur 18 Jahren ein so großes Repertoire anzuvertrauen. Denn erst die Erfahrungen vieler Vorstellungen können die eine oder andere unsichere Leistung ausbügeln. Doch Cragun hat Geduld, er kann warten. Er erkennt seine Schwächen und arbeitet an ihnen. Cranko baut auf Richard Cragun und bringt ihm das Vertrauen entgegen, das ihm hilft, die in ihn gesetzten Erwartungen zu erfüllen.

Durch die ständige Zusammenarbeit mit Cranko vollzieht

Seite 118
Arena, mit Dieter Ammann, Michael Wasmund

Seite 119
Daphnis und Chloë

Nacht (Night), Egon Madsen, Marica Haydée

Sacre du Printemps,
Stuttgarter Produktion

sich nun ein erstaunlicher Reifeprozeß, und was früher noch von Vorbildern beeinflußt schien, tritt in den Hintergrund; plötzlich steht eine eigenständige Persönlichkeit von großer Ausstrahlungskraft auf der Bühne: Richard Cragun, wie wir ihn heute kennen!

In besonderem Maße trägt zu dieser Entwicklung auch Crankos »Der Widerspenstigen Zähmung« bei. In diesem Ballett geht Cranko an die Grenzen des Möglichen und verlangt von den beiden Protagonisten Haydée und Cragun Höchstleistung, sowohl im Tanz als auch in der Darstellung. Der Petrucchio wird Craguns Paraderolle. Auf der anderen Seite wird Cragun auch von der Arbeit an den Balletten »Présence« und »Spuren« entscheidend geformt, und zwar diesmal sowohl in seinen politischen wie auch in sozialen Einsichten.

Die Cranko-Ballette mit ihren menschlich erschütternden aber auch heiteren Charakteren machen aus Richard Cragun nicht nur einen großartigen Künstler, sondern auch einen ungewöhnlichen Menschen.

Es ist oft bemerkt worden, daß Cragun zu den Tänzern zählt, die meist Rollen kreiert haben. Ohne Zweifel steht in diesem Zusammenhang John Cranko im Mittelpunkt. Doch dürfen wir so bedeutende Choreographen wie Tudor, Robbins, MacMillan, van Manen, Spoerli, Kylián, Wright und schließlich Béjart nicht vergessen.

1962 trifft Cragun zum ersten Mal Kenneth MacMillan und tanzt bei der Abschlußvorstellung der Studenten der Royal Ballet School in Convent Garden in London dessen Choreographie »Danse Pavanse«. Ein Jahr später arbeiten

Sacre du Printemps,
American Ballet
Theater, New York

sie in Stuttgart zusammen, Cragun erhält die Hauptrolle in MacMillans »House of birds«. Dies ist für Cragun die erste Hauptrolle in Stuttgart. Bei der Premiere hat er starkes Lampenfieber, er vergißt, vor seinem Auftritt seine Beinwärmer auszuziehen, was um so fataler ist, weil er längere Zeit von der Bühne nicht abgehen kann, um dieses »Übel« zu beseitigen. Trotzdem arbeitet MacMillan sehr gern mit ihm. Als Partnerin stellt er ihm meistens Birgit Keil zur Seite. In seinem berühmten »Das Lied von der Erde« (Musik von Gustav Mahler) vertraut er ihm den 4. Satz an und später, nach Barras Unfall, wie wir schon wissen, die Hauptpartie – ebenso in »Las Hermanas«. Cragun lernt durch MacMillan eine ihm bis jetzt fremde choreographische Ausdrucksweise kennen, auch die Darstellung der Personen ist für ihn neuartig: Hier werden gewissermaßen Psychogramme gezeichnet, die in dem Ballett »Mein Bruder, meine Schwestern« ihren Höhepunkt finden. Für die »fast« abstrakten Ballette MacMillans bringt er geradezu ideale Voraussetzungen mit. Man denke an die Würde und den Ernst, den er in »Das Lied von der Erde« oder in »Requiem« (1975) ausstrahlt.

Mit Balanchine arbeitet Cragun nie persönlich zusammen, doch lernt er viele seiner Choreographien beim Stuttgarter Ballett kennen. Er nimmt zwar den oft etwas kühlen und herben Stil Balanchines an und zeigt als Tänzer in diesen Balletten Hervorragendes, doch scheint er emotional nicht so sehr mit ihnen verbunden zu sein. Er tanzt in »La Valse«, »Agon«, »Allegro Brillante«, »Apollon« und »Symphonie in C«.

Ganz anders verhält es sich bei den Balletten von Glen Tetley; hier sind besonders zu nennen »Sacre«, »Voluntaries« und »Arena«. Sie bedeuten für Cragun eine neue Dimension: Sie sind kühl, modern, teilweise sogar brutal. Die Tetley-Choreographien faszinieren ihn, sie bringen eine Saite in seinem Wesen zum Klingen, die bis dahin fast stumm war.

Solcherart vorbereitet, begibt sich Richard Cragun auf einen Weg, der ihn später, 1979, zu jener Darstellung befähigen wird, wie sie die Choreographie von William Forsythe in »Orpheus« erfordert. Er arbeitet zwar schon 1977 mit Forsythe zusammen, aber das Ballett »Daphne« als Vorbereitung zu »Orpheus« zu bezeichnen oder es etwa damit zu vergleichen, das ist undenkbar.

Da Richard Cragun mit so zahlreichen Choreographen arbeitet, ist es vielleicht interessant, etwas von den Anfängen zu erfahren. Für die Matinéen der Noverre-Gesellschaft, die in Stuttgart die sogenannten »Jungen Choreographen« vorstellt, tanzt Cragun die Ballette seiner jungen Kollegen. Da er immer sehr interessiert ist an neuen Choreographen, sind ihm diese Matinéen sehr willkommen. So tanzt er z. B. mit Marcia Haydée seine erste Jiří Kylián-Choreographie »Kommen und Gehen«. Später wird Kylián, hochangesehener Choreograph, für ihn das Ballett »Vergessenes Land« kreieren. In diesem Zusammenhang könnte man auch die Namen Uwe Scholz, Rosemary Helliwell oder Patrice Montagnon nennen. Von den »Jungen Choreographen«, die aus der Noverre-Gesellschaft hervorgehen, wird neben Kylián noch John Neumeier von wirklicher Bedeutung für ihn sein. In Neumeiers »Kameliendame« bekommt er die einmalige Gelegenheit, zwei Charaktere, zwei Schicksale darzustellen: Zunächst tanzt er mit Birgit Keil als Manon den Des Grieux, wenig später zuerst mit Birgit Keil, dann mit Marcia Haydée als Marguerite Gautier, den Armand. In Hamburg übernimmt er dann als Gast in Neumeiers Kompanie den Hauptpart in der 3. Symphonie von Gustav Mahler.

Um noch einmal auf die Zeit zurückzukommen, in der Richard Cragun sich in der Noverre-Gesellschaft engagiert: Cragun hält zwei brillante Vorträge, die seine Kollegen und er selbst mit Demonstrationen begleiten, und hier zeigt er sich nicht nur als Fachmann für rein technische Fragen des Balletts, sondern offenbart eine Begabung, die ihn zugleich als hervorragenden Lehrer präsentiert. Vielleicht wird Cragun eines Tages diesen Weg beschreiten. Inzwischen ist Craguns Karriere steil verlaufen. Nicht nur gelegentlich der vielen Auslandsgastspiele des Stuttgarter Balletts in alle großen Länder der Welt in West wie Ost ist er bekannt geworden, sondern auch durch viele Gastspiele bei den renommierten Ballettkompanien der Welt.

Der frühe Tod Crankos 1973 scheint für das Stuttgarter Ballett und damit auch für Cragun zu einer Katastrophe zu werden. Alle spüren, wie sehr dieser Tod ihnen ihren Impetus geraubt hat. Erste Hirngespinste und Spekulationen über das weitere Schicksal aber lösen sich in Nichts auf, denn die Kompanie erweist sich schnell als lebensfähig.

Marcia Haydée übernimmt die Direktion, und in den folgenden Jahren wächst eine erfreuliche Zahl vielversprechender neuer Talente heran. Diese Jungen erleben in Richard Cragun und Egon Madsen ihre Vorbilder. (Madsen trennt sich von der Kompanie und wechselt nach Frankfurt, um die Leitung des dortigen Balletts zu übernehmen.) Durch sie wächst nun eine neue Tänzergeneration im Geiste von John Cranko nach.

Wenn man die Entwicklung Craguns nachzuvollziehen versucht, scheint es mir unerläßlich zu sein, von einem Ballett zu sprechen, das auf Crankos Höhepunkt für ihn eines der wichtigsten und persönlichsten Ballette überhaupt ist: »Initialen R. B. M. E.« (nach dem 2. Klavierkonzert von Johannes Brahms). Cranko widmet es den Tänzern seiner Kompanie: R. steht für Richard, B. für Birgit, M. für Marcia und E. für Egon.

Diese vier sind es auch, die die Herausforderung annehmen, das Stuttgarter Ballett zu erhalten und Crankos Vermächtnis zu bewahren und weiterzugeben. Doch darf man ebenso wenig Namen vergessen wie Anne Woolliams und Alan Beale, die Ballettmeister der ersten Stunde, wie auch Dieter Gräfe, einen der Getreuen um Cranko, zunächst sein Referent und Ballettdisponent und heute Mitdirektor der Kompanie; alle zusammen sind die Garantie für den Weiterbestand des Stuttgarter Balletts.

Nachgewiesenermaßen ist es also das Stuttgarter Ballett, welches die Heimat von Richard Cragun ist. Mit dieser Kompanie ist er vom Gruppentänzer zum Weltstar herangewachsen. Von ebenso großer Bedeutung ist der Aufstieg und der weltweite Ruhm des Stuttgarter Balletts, dank eines Tänzers von der Qualität eines Richard Craguns.

Biographical Notes

When I first met Richard Cragun, in August 1962, he had just been hired by John Cranko as a corps dancer for the Stuttgart Ballet. In this capacity, Cragun's first professional performance was in Nicholas Beriozoff's version of The Sleeping Beauty which Cranko had inherited a year earlier, from his predecessor, and had refurbished. Very shortly thereafter, the young corps dancer was the first Prince in the Rose Adage.

Stuttgart was the first place in which Cragun actually worked with Cranko. But as a student at the Royal Ballet School in London, his super-numerary work as a "Death Herald", in Covent Gardens' restaging of Cranko's production of Antigone, had already introduced Cragun to the powerful, dramatic scope that was the trade mark of Cranko's works.

Sacre du Printemps

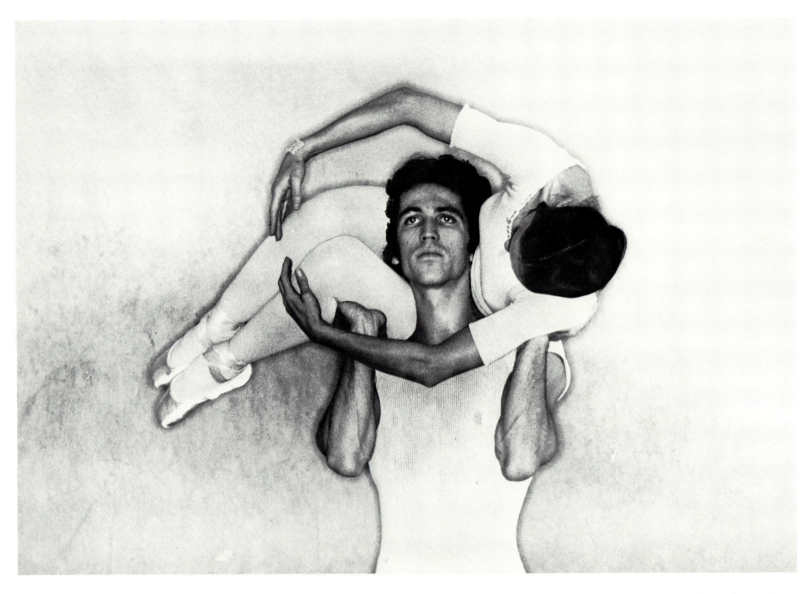

Kommen und Gehen, erste Choreographie in Stuttgart von Jiří Kylián

First Jiří Kylián choreography with Stuttgart Ballet

This contact resulted in his being drawn towards Stuttgart. Here he worked for the first time directly with Cranko, who, in his ballet, "Romeo and Juliet" included for him in 1962 a third act bridal processional pas de deux. Due to the overall length of the production, this pas de deux was later deleted from the final version. The collaboration continued in Cranko's, "L'Estro Armonico" and "The Four Seasons" (Glazunov). He danced Summer in the first version and with that began to collect his first real experiences. Much of these ended negatively, succeeding neither to his own or to John' Cranko's satisfaction. Fortunately he managed to grow from these "misfires". Aside from that, it was in this ballet he experienced his first partnership with Marcia Haydée. This was for him a particularly important step in his development. From this moment, he began to build his career quickly. The first small solos in "Journey To Jerusalem" and "Variations for Dancers" (Trede), were followed by larger roles in Peter Wrights "Namouna", and "Quintet", etc. etc.

Cragun was experiencing John Cranko daily in his intensive manner of choreography. The afore-mentioned had already recognized the concealed talents slumbering in Cragun, and challenge him more and more in the course of years until he refined of his talent a dancer's personality of unique standard. The most prominent aspect of Cranko's ingenuity was to recognize already in the first moment a talent in his Company, to let it grow, and to indicate the right direction toward development, meanwhile going often to the limits of the possible and the bearable. This ingenuity was met by Cragun with an instinct to understand how to face and to benefit from a genius. Devoting himself totally to Cranko's purposes, he went through a natural development, as dancer and artist that allowed his human character development to proceed just as naturally. Distorted or unrealistic dreams could not even germinate. No less essential to Cragun's development was the partnership with Marcia Haydée. The more he danced with her, the more her passionate, intensive manner of dancing and her

| Vergessenes Land, neueste Produktion für das Stuttgarter Ballett mit Birgit Keil | Forgotten Land, most recent Kylián production for Stuttgart Ballet with Birgit Keil |

singular acting ability elicited the extraordinary from him. What he worked out for and together with her under Cranko's guidance, later determined his immense abilities. Each of these Artists elevate the other. Without doubt Marcia Haydée is just as important an influence for his career and overall development as John Cranko.

Let us bypass for the moment the listing of the ballets which then followed, and which shall be reported in a chronological index later. We shall proceed to the decisive year for Richard Cragun, 1965. Cranko then gave him the position of soloist which allowed him soon to become a principal dancer next to Egon Madsen. Probably the most decisive ballet which Cranko choreographed for him and for Birgit Keil was "Opus I" to music from Webern. With this ballet, which relates, in short but therefore all the more penetrating form of the transformation and impermance of man, these two dancers made themselves noticed by the world of Ballet. The ballet's substance seemed to lead to a further maturation. In addition to that, came the fact that in this year Ray Barra, until now Cranko's first dancer, suddenly had to end his career as a dancer because of an accident, a ripped achilles tendon. Suddenly Cragun was faced with the task of taking over all the roles from Ray Barra. Swan Lake, Romeo, Song of the Earth, Las Hermanas, Firebird and finally Onegin. We experienced during this time, certainly a very good dancer. Granted he was still unsure in the formation of roles but the experience of many performances ironed out the one or two unpolished moments. One mustn't forget that it was unusual for a dancer of only 18 to be given such a great repertoire. He had the patience to wait, to recognize his weakness and to work on himself. Cranko, promoting him with right and approaching him with much trust, finally saw the expectations he had had for Cragun fullfilled to the best of satisfaction.

In the continuing collaboration with Cranko the final process of maturing completed itself. What earlier seemed to be emulation of examples now faded into the background.

A strong, individual personality now stood on stage, Richard Cragun as we know him today. Cranko's ballet, The Taming of the Shrew, contributed a special something to this development. In this ballet, he went to the previously mentioned limits of the possible and demanded of both protagonists, Marcia Haydée and Cragun not only exceptional proficiencies in dance, but also in acting. The role of Petrucchio became a show piece for Cragun. In addition, ballets such as "Presence", and "Traces" formed Cragun decidedly. The numerous Cranko ballets, with their humanly devastating or also comic characteristics have formed not only the Artist, Cragun, but also the politically aware human being. For all these reason we have extended the mention of the collaboration with Cranko. For other reasons I will later return to Cranko.

Richard Cragun has worked with numerous choreographers, and thus had opportunity to gain other experiences. Already as a student, in 1962, for his graduation from the Royal Ballet School in London, he participated in "Danse Pavanse" as choreographed by Kenneth McMillan. This meeting was later to be important for both artists. McMillan, who is closely connected to the Stuttgart Ballet, gave Richard Cragun his first leading role in "House of Birds".

Der Tänzer als Vortragender bei der Noverre Gesellschaft

This was also the first major role which Cragun danced in Stuttgart. McMillan enjoyed working with him in spite of his nervousness for the premiere which caused an incident. Cragun forgot to remove his legwarmers and then had to stay on stage. In many of his choreographies, Cragun was placed as partner, beside Birgit Keil. In the famous: "Song of the Earth" (Gustav Mahler), McMillan intrusted him with the fourth movement. Later, after Ray Barras's accident with the leading roles in "Song of the Earth" and "Las Hermanas". Through McMillan, Cragun was introduced to another style of choreographic expression. Psychological representation of characters was a style which reached it's apex in the ballet, "My Brother, My Sisters". Cragun is endowed with ideal prerequisites for these "almost" abstract ballets of McMillan. In the "Song of the Earth," or especially "Requiem" (1975), he illustrates the dignity and ernestness of these particularly meaningful choreographies.

"The Dancer" as lecturer at the Noverre Society Stuttgart

Working with Balanchine personally is something Cragun has not done, and yet he has performed in many Balanchine works which have been almalgamated into the Stuttgart repertoire through the years. They include, "La Valse", "Agon", "Allegro Brillante", "Apollo", and "Symphonie in C". He took on the cool dry style of Balanchine and showed himself to be an excellent interpreter in these ballets, but to me he never seemed to be so emotionally involved with them.

His physical and mental chemistry within Glen Tetly's choreography was completely different, referring particularly to "Sacre du Printemps", "Voluntaries", and "Arena". Though also abstract ballets, for Cragun they represent a totally new dimension admittedly cool, modern, in parts even brutal. He experienced Tetley's choreographies as fascinating, striking a chord in his being which until then had yet to find full range. Through these ballets, Cragun found himself on a path which later allowed him to be capable of undertaking a new forms of dance and expression as are demanded in such works as William Forsythe's choreography of, "Orpheus".

Since Cragun has worked with so many choreographers, (21 in all), it is perhaps of interest to mention something of Cragun's enthusiasm to present the ballets of his younger dancer colleagues. For the Matinees of the Noverre Society, which present in Stuttgart the so-called "young Choreographers", he is always curious about new choreographic explorations, so these Matinees are always welcomed. In just such a setting, he danced, with Maria Haydée, Jiri Kylián's first Stuttgart choreography entitled "Kommen und Gehen". Later, he was again to be involved in the most recent Kylian-Stuttgart collaboration, "Forgotten Land," after Kylián had succeeded as a first rate choreographer and returned to Stuttgart as a guest. In this context, one could name several names. Uwe Scholtz, Rosemary Helliwell, or Patrice Montagnon. Aside from Kylian of the young choreographers who have emerged from the Noverre Society, John Neumeier was to be of particular importance for Cragun. In Neumeier's, "Lady of the Camelias" he had the far from mundane opportunity of learning two fates through two roles, and thus observed two different intentions of

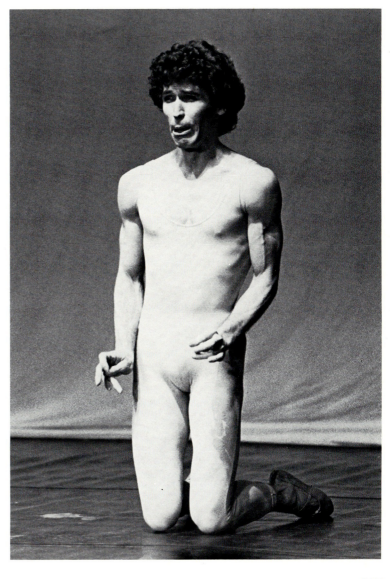

Schlußapplaus   Bows

Neumeier. At first he created "Degrieux" opposite Birgit Keil's "Manon," then shortly thereafter, "Armand," also with Birgit Keil, and later Marcia Haydée in the role of Marguerite Gautier. In Hamburg with Neumeier's own company he danced the leading role in the Third Symphonie of Gustav Mahler.

To stay just for a moment on the topic of the activities in which Cragun participated for the Noverre Society, there is a path open to him which he may perhaps tread in years to come. In to brilliant lectures with demonstration either by his colleagues ot the ballet or by himself, he was shown to be not only knowledgeable about purely rechnical questions, but also as having considerable capacity as an educator, adding get another dimension to Cragan's versatility. Regarding this new role, much could be expected of him one day.

Meanwhile Cragun's career progressed rapidly. He became well known from the many foreign tours of the Stuttgart Ballet in the major capitals of the world from East to West. Here we note also, his many guest appearances with practically every major Ballet Company.

John Cranko's premature death in 1973 appeared at first to spell catastrophy for the Stuttgart Ballet and with them for Richard Cragun. The world was robbed of a great genius, and Cragun and his collegues, of a great personal friend. But first imaginings and speculations about the fate of the Stuttgart Ballet dissolved rapidly to nothing, for the company proved itself quickly to be more capable of surviving than ever. In the following years, since Marica Haydée took over direction, assisted by her two Co-directors Alan Beale, a first rate Ballet Master, and Dieter Gräfe, one of the faithful around John Cranko – a stream of young dancers have developed. Among them are an encouraging number of promising talents. Many of them take Dancer-personalities such as Richard Cragun or Egon Madsen as examples. In the meantime, Madsen has left the company and moved on to Frankfurt as Ballet Director. Through these examples, to which one must count a lot of other dancers, the young new arrivals grow up in the John Cranko spirit.

It seems appropriate, in this account of Richard Cragun's Stuttgart development, to close with the mentioning of one of Cranko's most significant and personal creations, namely, "Initials" (Brahms Piano concerto 2). John Cranko dedicated this work to his four principal dancers. He left it as his legacy for the unity of the company. The ballet, otherwise known as R.B.M.E., uses of course, the first letters of Richard, Birgit, Marcia, and Egon. It is also these four who take on the challenge of the continuation of the Stuttgart Ballet and maintain Cranko's legacy for the ballet, Initials, R.B.M.E.

And so, the Stuttgart Ballet has proved itself to be the true and actual home of Richard Cragun. With this company he developed from corps dancer to an international star. Without the Stuttgart Ballet it would be impossible to imagine the dancer Richard Cragun as we know him today. What is, however, of equal importance and significance is the rapid ascent and world-wide fame of the Stuttgart Ballet thanks to the dancer-personality of such outstanding quality as Richard Cragun.

Fritz Höver

Werkverzeichnis

Ballett	Musik	Rolle
Choreographien von John Cranko:		
The Lady and the Fool	Verdi/Mackerras	Der Gast, der Prinz
Katalyse	Schostakowitsch	Katalysator
Die Jahreszeiten	Glasunow	Sommer, Herbst
Romeo und Julia	Prokofjew	Hochzeits Pas de deux im Dritten Akt Benvolio, Paris, Romeo, Mercutio
L'Estro Armonico	Vivaldi	Solopartie
Die Reise nach Jerusalem	Stolze	Solopartie
Trede Variationen	Trede	Nummer 3
Schwanensee	Tschaikowsky	Benno, Ungarischer Tanz, Prinz
Der Feuervogel	Strawinsky	Zarewitsch
Hommage à Bolshoi	Glasunow	Pas de deux
Bouquet Garni	Rossini/Britten	1. Satz
Jeu de Cartes	Strawinsky	Joker
Onegin	Tschaikowsky/Stolze	Lensky, Onegin
Opus 1	Webern	Hauptrolle
Konzert für Flöte und Harfe	Mozart	3. Satz
Der Nußknacker	Tschaikowsky	Prinz
Die Befragung	Zimmermann	Der Mann
Présence	Zimmermann	Roi Ubu
Der Widerspenstigen Zähmung	Stolze nach Scarlatti	Petrucchio
Brouillards	Debussy	Pickwick
Poème de l'éxstase	Scriabin/Fortner	4. Liebhaber
Carmen	Fortner/Steinbrenner	Escamillo, Don José
Initialen R.B.M.E.	Brahms	1. Satz R
Legende	Wienjawski	Pas de deux
1+6	Haydn	Step-Ballett
Spuren	Mahler	Der Gefangene
Tritsch Tratsch-Polka	J. Strauss	Pas de deux
La Source	Minkus	Pas de deux
Pas de Quatre	Glinka	Pas de Quatre
Choreographien von Kenneth MacMillan:		
House of Birds	Mompou/Lanchbery	Leading role
Las Hermanas	Martin	Pepe
Das Lied von der Erde	Mahler	4. Gesang, der Mann
Die Sphinx	Milhaud	3. Befrager
Fräulein Julie	Panufnik	Jean
Requiem	Fauré	2. Satz
Mein Bruder, meine Schwestern	Schönberg	Der Bruder
Danse Pavanse	Milhaud	2. Satz (London)
Choreographien von Glen Tetley:		
Arena	Subotnick	Hauptrolle
Voluntaries	Poulenc	Hauptrolle
Gemini	Henze	Pas de Quatre
Laborintus	Berio	Hauptrolle
Daphnis und Chloë	Ravel	Daphnis
Pierrot Lunaire	Schönberg	Brighella
Das Frühlingsopfer	Strawinsky	Das Opfer
Alegrias	Chavez	Hauptrolle
Andere Choreographien:		
Barbra Briggs:		
Cinderella	Prokofjew	Prinz

Ballett	Musik	Rolle
Daphnis und Cloë	Ravel	Daphnis
Das Urteil des Paris	R. Strauss	Paris
Peter Wright:		
The Mirror Walkers	Tschaikowsky	Spiegelbild, Hauptrolle
Quintett	Ibert	Eine der Hauptrollen
Design for Dancers	Bartók	Eine der Hauptrollen
Giselle	Adam	Albrecht, Bauern Pas de deux
Namouna	Laló	Hauptrolle
George Balanchine:		
Symphonie in C	Bizet	3. Satz, Hauptrolle
Agon	Strawinsky	3. Satz, Hauptrolle
Apollon Musagète	Strawinsky	Apollon
Allegro Brillante	Tschaikowsky	Hauptrolle
La Valse	Ravel	3. Satz
Michael Fokin:		
Les Sylphides	Chopin/Glasunow	Der Poet
L'Après-midi d'un faune	Debussy	Faun
John Neumeier:		
Hamlet	Copland	König Claudius
Kameliendame	Chopin	Des Grieux, Armand
3. Symphonie Mahler	Mahler	Hauptrolle
Nacht	Mahler	Pas de trois
Ashley Killar:		
Der Zwang	Schostakowitsch	Hauptrolle
Jiří Kylián:		
Kommen und Gehen	Bartok	Hauptrolle
Vergessenes Land	Britten	1. Satz
William Forsythe:		
Daphne	Dvořak	Apollon
Orpheus	Henze	Orpheus
Antony Tudor:		
Pillar of Fire	Schönberg	Der Verführer
Jerome Robbins:		
Fancy Free	Bernstein	Latin Solo
Dalal Achcar:		
Something Special	Nazareth	Pas de deux
Hans van Manen:		
Twilight	Cage	Pas de deux
Auguste Bournonville:		
La Sylphide	Løvenskjold	James

Ballett	Musik	Rolle
Ted Shawn:		
Pierrot in the Dead City	R. Strauss	Pierrot
Barton Mumaw:		
Fetish	Parker	Hauptrolle
Elliot Feld:		
Intermezzo	Brahms	Solist
Uwe Scholz:		
Richard III.	Musik-Kollage	Richard
Märchen	R. Strauss	Pas de trois
Das Urteil des Paris	R. Strauss	Paris
Rosemary Helliwell:		
Concertino	Janaček	Solist
Die Fenster	McCabe	Solist
Patrice Montagnon:		
Glocken	Rachmaninow	Solist
Innere Not	Bruckner	Solist
Lar Lubowitsch:		
Exultate Jubilate	Mozart	Pas de deux
Peter Rille:		
Weg nach innen	Brahms	Hauptrolle
Brian MacDonald:		
Jazz-Ballett	Brubeck	Solist
Frederic Ashton:		
Facade	Walton	Foxtrott, Tirolien
Gwyneth Lloyd:		
Ballet Blanc (Arabesque)	Mozart	Hauptrolle
Heinz Spoerli:		
Träume	Wagner	Wagner
Maurice Béjart:		
Lieder eines fahrenden Gesellen	Mahler	Pas de deux
Petruschka	Strawinsky	Petruschka

Partner:

Marcia Haydée	Natalia Makarova
Birgit Keil	Lucianna Savignano
Ana Cardus	Ana Razzi
Susanne Hanke	Dominique Khalfouni
Lynn Seymour	Persephone Samaropoulo
Dame Margot Fonteyn	Aurea Hämmerli
Violette Verdi	Joyce Cuoco
Carla Fracci	Paolo Bortoluzzi
Eva Evdokimova	Jorge Donn
Gelsey Kirkland	Egon Madsen

Bildnachweis

Mira Armstrong
Seite 61

Richard Avedon
Seite 45

Richard Braaten
Seite 54

The Daily Mail
Seite 55

Zoë Dominic
Seite 22

Dünhöft
Seite 37, 59

Kenn Duncan
Seite 112, 113
Schutzumschlag-
Vorderseite

Veronica Falcão
Seite 71

Sabine Feil
Seite 38

Ira K. Finley
Seite 9

Beverly Gallegos
Seite 106

Alexander Gordon
Seite 68, 110

Henry Grossman
Seite 42, 94

Jörg Hintze
Seite 64, 72, 73, 117, 119

Burghard Hüdig
Seite 88

Hurok Concerts
Seite 39, 61

Ulrich Keich
Seite 25

Hannes Kilian
Seite 19, 24, 36, 41, 52, 56, 86, 93, 118, 124

Helga Krause
Seite 26, 28, 46, 50, 85, 109, 125

Keith Money
Seite 30

Otto Neubert
Schutzumschlag-
Rückseite

Louis Peres
Seite 31, 62

Leslie Petzold
Seite 35

Louis C. Ramsey
Seite 14

W. T. Reilly
Seite 128

Leslie E. Spatt
Seite 13, 21, 23, 27, 29, 32, 33, 48, 53, 57, 60, 63, 66, 67, 74, 75, 76, 77, 78, 79, 81, 82, 83, 84, 85, 87, 89, 92, 96, 97, 104, 105, 108, 114, 115, 120, 123, 126, 127

Alo Störz
Seite 102

Martha Swope
Seite 107

C. Tandy
Seite 61, 91

Max Waldman
Seite 20, 51

Reg. Wilson
Seite 14

Rosemary Wilson
Seite 70

Madeline Winkler-Betzendahl
Seite 69

Dieter Zimmermann
Seite 7

Alle Rechte vorbehalten
© Verlag Günther Neske
Pfullingen 1982.
Satz und Druck:
Dr. Cantz'sche Druckerei
Stuttgart-Bad Cannstatt

Gebunden bei der
Verlagsbuchbinderei
Hans Klotz, Augsburg
Reproduktion:
Brüllmann KG Stuttgart
Printed in Germany
ISBN 3 7885 0250 9

Die Herausgabe dieses Buches
wurde vom Ministerium
für Wissenschaft und Kunst
des Landes Baden-Württemberg
und der Landeshauptstadt
Stuttgart gefördert.

Fotografiert von Leslie E. Spatt und anderen.
Texte von Clive Barnes und Fritz Höver.

91 Seiten mit 90 Abbildungen. Format 24,5 x 30,5 cm.
Texte in Deutsch und Englisch. Leinenband

Birgit Keil, die erste »deutsche Ballerina« des Stuttgarter Balletts, hat sich in den letzten Jahren einen bedeutenden internationalen Namen gemacht.
Die Aufnahmen von Leslie Spatt sind Ballettbilder ganz eigener Art. Sie zeigen vor allem die dramatischen, erzählenden Elemente des Tanzes. Fritz Höver berichtet von der künstlerischen Entwicklung der Birgit Keil, vom Heranwachsen dieser starken tänzerischen Persönlichkeit, die eine hervorragende Vertreterin sowohl des klassischen und lyrischen als auch des neoklassischen und modernen Balletts ist. Clive Barnes nennt sie eine »Ballerina, in deren Charakter sich Gefühl und Technik, Leidenschaft und Stil fließend miteinander verbinden«, spricht von der ungewöhnlichen »Kraft und Zärtlichkeit«, die ihren Tanz auszeichnen.
Birgit Keil, ein lebendiges Beispiel der nie endenden Faszination durch die alte und ewig junge Kunst des Tanzes.

Fotografien: Zoë Dominic und Madeline Winkler-Betzendahl.
Texte: Ninette de Valois, Walter Erich Schäfer, Fritz Höver, Heinz-Ludwig Schneiders, Clive Barnes.

Alle Texte in Deutsch, Englisch und Französisch.

160 Seiten. 119 ein- und mehrfarbige Abbildungen. Format 25 x 30,5 cm. Leinenband

So ist das fantasiereich ausgestattete und mit höchster technischer Perfektion dargebotene Ballettbuch ein Standardwerk, weit mehr als ein Memorial, vielmehr eine mitbegeisterte Bestätigung der inzwischen weltbekannten Stuttgarter »Kompanie« unter John Cranko.
»Der Literaturspiegel«, Emsdetten

In hervorragenden Szenen- und Probenfotos wird ein Querschnitt durch das Repertoire gegeben. Konzentrierte, informative Texte geben künstlerische Kurzbiographien über Cranko, seine Solisten und seine führenden Mitarbeiter.
»Bücherei und Bildung«, Reutlingen

Verlag Günther Neske 7417 Pfullingen